ÉIRÍ AMACH
1798
IN ÉIRINN

Éirí Amach 1798 in Éirinn

arna chur in eagar ag

Gearóid Ó Tuathaigh

Raidió na Gaeltachta

i gcomhar le

Cló Iar-Chonnachta
Indreabhán
Conamara

An Chéad Chló 1998

© Na hÚdair/Cló Iar-Chonnachta 1998

ISBN 1 902420 02 0

Pictiúr Clúdaigh: 'The Battle of Ballinahinch 1798', Thomas Robinson,
le caoinchead Ghailearaí Náisiúnta na hÉireann
Dearadh Clúdaigh: Johan Hofsteenge
Dearadh: Foireann CIC

Faigheann Cló Iar-Chonnachta cabhair airgid ón g**Comhairle Ealaíon**

Clóchur: Cló Iar-Chonnachta, Indreabhán, Conamara
    Teil: 091-593307   Facs: 091-593362   r-phost: cic@iol.ie
Priontáil: Clódóirí Lurgan, Indreabhán, Conamara
    Teil: 091-593251/593157

Bunaithe ar shraith leachtaí, *Éirí Amach 1798: Léachtaí Comórtha*, a craoladh ar Raidió na Gaeltachta atá an leabhar seo. Tomás Mac Con Iomaire a léirigh an tsraith.

CLÁR AN ÁBHAIR

BROLLACH

Tá na haistí sa leabhar seo bunaithe go dlúth ar léachtaí cuimhneacháin ar Éirí Amach 1798 a craoladh den chéad uair ar Raidió na Gaeltachta ó lár an tsamhraidh amach go lár an fhómhair sa bhliain 1998. Gabhaim buíochas leis na léachtóirí a bhí páirteach sa tsraith agus a sheol a gcuid aistí chugam le haghaidh an leabhair. Bhí craoladh breise sa tsraith, ar oidhreacht cheoil agus amhránaíochta 1798, le Máirtín Ó Fátharta; ní ar théacs amháin a bhí éifeacht an chláir seo ag brath, agus is maith liom go bhfuil an clár seo á fhoilsiú faoi chruth oiriúnach, i dteannta an leabhair seo.

Táim go mór faoi chomaoin ag Tomás Mac Con Iomaire i Raidío na Gaeltachta, as a chabhair agus a chomhairle ó thús deireadh an tionscnaimh.

Bhí na daoine uaisle i gCló Iar-Chonnachta foighneach, oibleagáideach agus gairmiúil, mar is dual dóibh.

Is ar nóta brónach, áfach, a chaithfidh mé críochnú. Bhí Liam de Paor ag saothrú an bháis agus an aiste atá anseo uaidh á hullmhú aige. Dhein sé an léacht a thaifeadadh díreach roimh dhul isteach san ospidéal dó. Cailleadh é cúpla lá sular craoladh an léacht. Scoláire ildánach, fear iltíreach, Gael dílis agus poblachtánach go smior ba ea Liam de Paor. Go gcúití Dia a shaothar leis. Bíodh an leabhar aistí seo ina chloch bheag ar a charn.

Gearóid Ó Tuathaigh

Mícheál Mac Craith

Ollamh le Nua-Ghaeilge, Ceann Scoile, Scoil na Gaeilge, Ollscoil na hÉireann, Gaillimh. Spéis aige i litríocht na Gaeilge agus an Renaissance, sa Seacaibíteachas, i James Macpherson agus an tOisíneachas, sa litríocht chomhaimseartha. Go leor alt scríofa aige ar na réimsí seo.

FOINSÍ AN RADACACHAIS IN ÉIRINN

Ar éigean is féidir labhairt faoi chúrsaí radacachais gan ceist an údaráis a tharraingt isteach sa scéal. Nuair a tháinig Séamas I i réim sa bhliain 1603 bhí oileán na hÉireann faoi aon údarás lárnach amháin den chéad uair riamh. Ceann de na nithe is spéisiúla faoin tréimhse seo is ea a éascaí is a thapúla a ghlac aos léinn na Gaeilge leis an rí nua. Chum na filí dánta ag fáiltiú roimhe. D'éirigh leo ginealach a chur ar fáil dó a dhearbhaigh go raibh gaol aige le ríthe na Mumhan, ríthe Laighean, ríthe Uladh agus ríthe Chonnacht, agus is eol dúinn gurbh é an ginealach an gléas bailíochta agus dlisteanaithe is éifeachtaí a bhí ag na filí chun teideal údaráis a dhearbhú. Ní hamháin go raibh na filí sásta glacadh leis an gcóras nua, ach bhí siad sásta gníomhú mar fheidhmeannaigh de chuid an chórais nua. Chun sampla amháin a lua, roghnaíodh Eoghan Rua Mac an Bhaird agus Lughaidh Ó Cléirigh mar bhaill de choiste fiosraithe i nDún na nGall sa bhliain 1603.

Ní hamháin go bhfuil an faomhadh seo le fáil i measc an aosa léinn ach tá sé le fáil i measc na hEaglaise Caitlicí chomh maith. Déanta na fírinne, bhí an comhaontú seo idir an Eaglais agus na filí maidir le dlistineacht rí Shasana in Éirinn le maireachtáil go dtí an dara leath den ochtú haois déag. Ní raibh sé chomh héasca sin, áfach, d'údaráis na hEaglaise Caitlicí in Éirinn an faomhadh seo a thabhairt. Tar éis an tsaoil, b'ionann cás na hÉireann le rí Protastúnach i réim ar phobal Caitliceach agus sárú iomlán ar an réiteach a cuireadh i bhfeidhm in Augsburg sa bhliain 1555, *cuius regio eius religio*. Cén dlínse a bhí dlite ar phobal Caitliceach do rí Protastúnach nó eiriciúil i súile na hEaglaise Caitlicí?

D'éirigh le Peter Lombard, Ardeaspag teidealach Ard Mhacha (1601-1625), teacht ar réiteach néata ar an bhfadhb seo trí idirdhealú a dhéanamh idir eiriceacht oibiachtúil agus eiriceacht shuibiachtúil. Go hoibiachtúil, b'eiriceach é Séamas I, ach níorbh ea go suibiachtúil sa mhéid nach bhféadfadh sé a bheith freagrach as an drochoiliúint a fuair sé. I ngeall ar an idirdhealú seo d'fhéadfadh Caitlicigh na hÉireann glacadh le Séamas I mar rí dleathach *in temporalibus*. Cé go raibh Lombard ar dhuine de na tacadóirí ba mhó a bhí ag Aodh Mór Ó Néill le linn Chogadh na Naoi mBliana, tháinig sé ar mhalairt intinne tar éis ghéilleadh

Mellifont agus mheas sé gurbh é an rud ab fhearr a dhéanfadh leas an chreidimh Chaitlicigh in Éirinn teacht ar réiteach le Séamas. Ach Caitlicigh na hÉireann a bheith umhal do Shéamas, bhí Lombard cinnte go mbeadh an rí caoinfhulangach ina leith. Ón mbliain 1612 ar aghaidh bhí Lombard ar a sheacht ndícheall ag iarraidh tionchar Uí Néill ar chúrsaí eaglasta na hÉireann a laghdú, agus d'fhéach sé chuige nach ndéanfaí easpaig ach de bhaill den chléir a bhí ar aon intinn leis féin, agus ar comhshliocht leis féin, sliocht na Sean-Ghall. Rinne sé gearán láidir leis an bPápa nuair a ceapadh Flaithre Ó Maolchonaire mar Ardeaspag Thuama, agus nuair a ceapadh Eoghan Mac Mathúna mar Ardeaspag Bhaile Átha Cliath, ar an mbonn go raibh an bheirt seo go mór ar son Aodha Uí Néill agus nárbh fhonn leo teacht chun réitigh leis an rí.

Sa bhliain 1616 d'fhoilsigh Flaithre Ó Maolchonaire *Desiderius* i Lováin. Cé go raibh an saothar seo ceaptha a bheith ina aistriúchán ar shaothar cráifeach sa Spáinnis, ghlac Ó Maolchonaire go leor saoirse leis an mbuntéacs, é ag baint de agus ag cur leis de réir mar a d'fheil sé dá aidhmeanna féin. Chum sé sliocht an-fhada amháin, a bhí beagnach ar comhfhad leis an gceathrú cuid den bhunsaothar, le Caitlicigh na hÉireann a ghríosú chun fanacht dílis dá gcreideamh.

Is díol mór spéise an sliocht seo toisc go bhfuil fáil ann ar an gcéad phlé teoiriciúil i litríocht na Gaeilge ar an rud is údarás sibhialta ann agus na teorainneacha a bhaineann leis an údarás sin. Agus ní mór cuimhneamh i gcónaí nach teoiricíocht ar son na teoirice atá i gceist anseo, ach réiteach a lorg ar an bhfadhb phraiticúil a bhí ag dó na geirbe ag diagairí na hÉireann ag tús an tseachtú haois déag, mar atá: Cén dualgas a bhí ar phobal Caitliceach maidir le rí Protastúnach? Cuireann Ó Maolchonaire béim mhór ar an idirdhealú idir na cumhachtaí teamparálta agus na cumhachtaí spioradálta agus dearbhaíonn sé go neamhbhalbh gur eiriceacht é a rá gurb iad na prionsaí teamparálta ceannairí na hEaglaise. Is follas gurbh é Séamas I a bhí i gceist ag Ó Maolchonaire agus an méid sin á scríobh aige. Ansin téann sé ar aghaidh leis an sliocht réabhlóideach seo a leanas:

as deimhin gurab éxamhoil nemhinand an modh ar thionnsgnadar cumhochta spioradáltha 7 teamporáltha, ar an n-ádhbhar gurab iad an pobal tug do na ríoghuibh, nó dhá shinnsearaibh, a bhfuil do chumhachttoibh aca anois; 7 gurab é Críostt féin, 7 nach é an pobal, tug cumhachta spioradálta do Pheadar 7 do na Habsdoloibh oile, lé ttugadh na cumhachta céadna do na heasbogoibh, gan cead d'iarroigh chuige sin ar an bpobal, mar as éidir a dhearbhadh as eibisttil Phóil go Tiotus, 7 as a eisbisttil eile go Timótheus.

I ngeall ar an tréimhse a chaith Flaithre Ó Maolchonaire ar an Mór-Roinn, bhí sé i dtiúin leis an smaointeoireacht dhiaga ba dhéanaí a bhain leis an Leasúchán Creidimh Caitliceach. Chuir Robert Bellarmine, diagaire Iodálach in Ollscoil na Lováine, mórbhéim ar an idirdhealú idir na cumhachtaí teamparálta agus na cumhachtaí spioradálta toisc gur chreid sé go daingean nach raibh de chead ag an rialtas sibhialta umhlaíocht absalóideach a éileamh ar a chuid géillsineach, agus go raibh smacht ag an gcumhacht spioradálta ar an gcumhacht shibhialta maidir le nithe a bhain leis an réimse spioradálta. Tátal amháin a d'eascródh as seo, cead a bheith ag an bPápa rí eiriciúil a bhriseadh agus dílseacht na ngéillsineach don rí sin a chur ar ceal. Chuir an tuairim seo olc nár bheag ar Shéamas I agus sa bhliain 1607 cuireadh mír faoi leith leis an móid dílseachta chun ceart seo an Phápa a shéanadh. Lean conspóid fhada idir an rí agus Bellarmine ar an bpointe seo, agus bíodh gur míníodh nach raibh i gceist ag an bPápa ach an ceart a dhearbhú, gan a bheith i gceist chor ar bith aige é a chur i bhfeidhm, ba leor éileamh an chirt féin, dar leis an rí, chun ceart diaga na ríthe a shárú. Is fearr a thuigimid tuairimí Uí Mhaolchonaire má shuitear i gcomhthéacs na conspóide faoin móid dílseachta iad.

Suarez, diagaire Spáinneach as Ollscoil Salamanca, an ollscoil a ndearna Ó Maolchonaire féin freastal uirthi, a chuir chun cinn an tuairim chonspóideach gurb é an pobal a bhronnann an chumhacht theamparálta ar ríthe. Is tuairim í seo a tháinig salach go huile is go hiomlán ar cheart diaga na ríthe, teoiric ab ansa le Séamas I, teoiric ar scríobh sé tráchtas cáiliúil uirthi, *Trew Law of Free Monarchies*, sa bhliain 1598. Níor shainmhínigh Ó Maolchonaire céard a bhí i gceist aige leis an bpobal, áfach. Ach is féidir bheith cinnte nach é daonlathas na haoise seo gusan gcead guthaíochta do chách a bhí ar intinn aige. Ach tharlódh nach diúltú amach is amach d'údarás Shéamais a bhí i gceist ag Ó Maolchonaire nuair a dúirt sé gur ón bpobal a d'eascair cumhacht an rí, ach go raibh sé ag tabhairt le fios go gcaithfeadh Séamas dílseacht Chaitlicigh na hÉireann a thuilleamh, rud nach ndéanfadh mura gceadódh sé saoirse creidimh. Ach is cinnte nach n-aontódh an rí le srianú ar bith den chineál sin ar a údarás ríoga.

Sa bhliain 1618 d'fhoilsigh Aodh Mac Aingil *Scáthán Shacramuinte na hAithridhe* i Lováin, agus bíodh gur saothar cráifeach ach go háirithe é an leabhar seo, tá sé ar maos le tuiscintí polaitíochta. Bhí baint mhór ag Mac Aingil le hAodh Ó Néill le fada an lá agus is mar dhiagaire agus mar pholaiteoir in éineacht is cóir dúinn breathnú ar a shaothar. Sa réamhrá tagrann an t-údar don tír seo mar náisiún Caitliceach, agus is díol spéise go bhfuil an focal 'náisiún' le fáil sé huaire déag ar fad sa saothar. Díol spéise, freisin, gur leis an Lováin a bhaineann na samplaí is túisce go bhfios dom den fhocal 'náision' sa Ghaeilge. Nuair a bhí a uacht á déanamh ag Roibéard Mac Airt roimh dhul isteach sna Proinsiasaigh dó sa bhliain 1611 d'fhág sé a raibh d'airgead aige

le h-aghaidh an Clódh-Ghaoidheilge agus neithe do chur a ccló do rachas an onóir do Dhia, a cclú dár násion agus d'Órd San Froinsias.

Tá cúlra na n-aighneas creidimh agus reiligiúnda le haireachtáil go tréan sa réamhrá ach tá corp an tsaothair síochántá go maith. Nuair a thagaimid chomh fada leis an mír dheiridh, áfach, a bhaineann le loghanna, briseann an seicteachas amach arís. Tugann an t-údar aghaidh a chraois ar Liútar agus ar Calvin araon sa chuid seo den saothar. Ach a luaithe agus a thosaíonn sé ag trácht ar dhearcadh reiligiúnda an rí, athraíonn stíl na scríbhneoireachta go huile is go hiomlán. Caitear an masla agus an sciolladóireacht i leataobh agus tagann meas agus urraim go mór i dtreis. Is léir go ndéanann MacAingil difríocht an-mhór ar fad idir iompar scannalach Liútair agus Calvin ar lámh amháin, agus dea-thréithe Shéamais, 'ár rí uasal óirdheirc', ar an lámh eile. Caithfear a admháil, áfach, nach Caitliceach é Séamas agus gur oileadh an rí, 'mórdhachd an rí', i gcreideamh Liútair agus Calvin. Ach níl an rí le cáineadh as an oiliúint a fuair sé ó dhrochoidí. Dealraíonn sé anseo go bhfuil Mac Aingil ag smaoineamh ar an idirdhealú céanna a rinne

Lombard idir eiriceacht obiachtúil agus eiriceacht shuibiachtúil, cé nach luann an Proinsiasach na téarmaí seo. Ach téann sé i bhfad níos faide ná Lombard nuair a bhaineann sé leas cliste as scríbhinní an rí féin chun tathaint ar Chaitlicigh na hÉireann glacadh leis mar rí dlisteanach. Trí shleachta áirithe a roghnú go cúramach as an *Praefatio Monitoria* (1609), saothar a chum Séamas mar bholscaireacht ar son mhóid na dílseachta, cruthaíonn Mac Aingil chun a shástachta féin gurbh ionann creideamh pearsanta an rí agus creideamh na hEaglaise Caitlicí. Ar ndóigh bhí sé sách cliste gan aird a thabhairt ar na sleachta sin a thabharfadh a ghlanmhalairt le fios.

Ní chuireann Mac Aingil eiriceacht i leith an rí áit ar bith sa leabhar. Déanann sé idirdhealú docht daingean idir an rí féin agus ministrí an chreidimh Phrotastúnaigh. Sin iad an dream a deir go bhfuil loghanna in aghaidh chreideamh an rí. Sin iad an dream atá ina n-eiricigh. Ach is é freagra Mhic Aingil orthu siúd, go bhfuil an teagasc faoi loghanna le fáil sna foinsí ceannanna céanna a admhaíonn an rí féin. Ní le loghanna amháin a bhaineann an argóint seo, ach le gach nós, cleachtas agus teagasc de chuid na hEaglaise Caitlicí. Is í éirim na hargóna atá in úsáid ag Mac Aingil go bhfuil na Protastúnaigh ar fad as céim seachas an rí, agus gur Caitliceach Rómhánach é an rí dá chéad ainneoin féin. Argóint chliste, argóint chleasach, ach argóint lochtach i ndeireadh na dála. Fós féin, dá gcabhródh sé le Caitlicigh na hÉireann glacadh le Séamas I mar rí dlisteanach, is cinnte go ndéanfadh an t-aitheanatas seo leas an chreidimh Chaitlicigh in Éirinn. Is fiú a chur san áireamh chomh maith gur ar thuataigh, nach mbeadh traenáil ghairmiúil faighte sa diagacht acu, a bhí saothar Mhic Aingil dírithe, agus gur mhó an seans go rachadh a chuid argóintí i bhfeidhm orthu dá réir sin.

Leas an chreidimh, thar aon ní eile, a bhí ag dó na geirbe ag Mac Aingil, agus nuair a chuirtear san áireamh go raibh Aodh Mór Ó Néill básaithe sa Róimh faoin am a raibh an Proinsiasach i mbun pinn, caithfidh gur thuig sé go rímhaith nárbh fhiú bheith ag súil le hionradh ar Éirinn feasta, agus gubh fhearr tús áite a thabhairt do bhealach an chomhréitigh thar mhodh na cogaíochta.

Is díol spéise a chur san áireamh go raibh Aodh Ó Néill fós beo nuair a bhí Flaithre Ó Maolchonaire ag scríobh ach go raibh sé básaithe faoin am a raibh Mac Aingil i mbun pinn. Bás an cheannaire mhóir sa bhliain 1616 a mhíníonn, dar liom, an mhórdhifríocht straitéise agus polasaí idir an dá shaothar a foilsíodh ón gcoláiste céanna i Lováin gan ach dhá bhliain eatarthu. Tugann sé seo le fios go raibh an pragmatachas go mór i réim maidir leis an aitheantas a bhí ag dul do rí Shasana ó Chaitlicigh na hÉireann i dtús an tseachtú haois déag. An straitéis a d'fheidhmeodh bliain amháin, níor ghá go bhfeidhmeodh sí an bhliain dár gcionn.

Ar leathanach teidil *Scáthán Shacramuinte na hAithridhe* luaitear an t-údar mar léachtóir diagachta 'i gcoláiste na mbráthar nÉirionnach a Lobháin'. Is suntasach an t-athrú séimeantach a bhain don fhocal 'Éireannach' le linn réimeas Shéamais I. In ionad áitreabhach ar bith de chuid oileán na hÉireann a chiallú, tugadh casadh níos cúinge i bhfad don fhocal ag an am seo, agus ciallaíonn sé feasta duine de shliocht na nGael nó de shliocht na Sean-Ghall a bhí dílis don chreideamh Caitliceach agus do choróin Shasana araon. Bhí na hÉireannaigh le cur i gcodarsnacht leis na Nua-Ghaill arbh iad a ndílseacht siúd an Protastúnachas agus Parlaimint Shasana. Bíodh nach féidir bheith absalóideach faoin bponc seo, tá an chuma ar an scéal gur i measc na ndeoraithe in Ísiltír na Spáinne a tugadh an casadh nua seo don fhocal 'Éireannach' den chéad uair. Tagrann Tadhg Ó Cianáin in *Teicheamh na nIarlaí* (1609) don choláiste i nDouai mar 'coláiste Éireannach' agus tagrann sé d'Éinrí Ó Néill 'mar coronél na nEirinnach a fFlondrus'. Tá gach cuma ar an scéal gur d'aon ghnó atá an focal 'Gael' á sheachaint ag an údar anseo, focal a chuir béim ar an idirdhealú eitneach idir Gael agus Gall, fiú i gcás na Sean-Ghall. Tá an focal 'Éireannach' á roghnú go comhfhiosach ag Ó Cianáin mar théarma iniatach a chuirfidh an t-idirdhealú eitneach i leataobh agus a aontóidh na deoraithe le chéile faoin ndílseacht dhúbalta don chreideamh Caitliceach agus do choróin Shasana.

Focal eile nach mór a chur leis an gcothromóid is ea an focal 'ríocht' arb é an réaladh is maorga agus is foirmeálta air, saothar eile a cumadh i *milieu* na Lováine, *Annála Ríoghachta Éireann* (1632-36). Nuair a chuirimid na focail seo i dteannta a chéile; 'náisiún', 'Éireannach', 'ríocht'—feicimid tuiscint nua chomhfhiosach a bheith á forbairt ar fhéiniúlacht na hÉireann ag na deoraithe eaglasta ach go háirithe sa chéad trian den seachtú haois déag; Éire mar náisiún Caitliceach faoi choróin

Shasana; Éire mar ríocht Chaitliceach faoi phrionsa Protastúnach ach nárbh aon bhac reiligiún an fhlatha ar ghéillsine a thabhairt dó *in temporalibus*. Agus de bhrí go raibh an tuairimíocht agus an teoricíocht agus an coincheapú seo á gcur chun cinn trí mheán na Gaeilge, dealraíonn sé nár léir do na smaointeoirí gur chontúirt ar bith í do shaíocht na Gaeilge an ghéillsine do choróin Shasana.

Ceann de na rudaí is mó a chabhraigh leis na Gaeil sa dara leath den séú haois déag ab ea an naimhdeas idir an Spáinn agus Sasana. Ach nascadh cairdeas idir an dá thír faoi réim Shéamais I agus bhíothas dóchasach go bhféadfaí barr feabhais a chur ar an gcairdeas seo trí chleamhnas a dhéanamh idir mac Shéamais, Séarlas, agus iníon rí na Spáinne. Má bhí na comhghuaillithe ba chumhachtaí a bhí ag Caitlicigh na hÉireann ag teacht ar réiteach le Sasana, ní raibh an dara rogha acu féin ach an rud céanna a dhéanamh. Sa bhliain 1623-4, áfach, bhris na comhráite faoin bpósadh síos agus bhí an chuma ar an scéal nárbh fhada go mbeadh an Spáinn agus Sasana in adharca a chéile arís. Ón mbliain 1625 i leith thosaigh roinnt deoraithe Éireannacha in Ísiltír na Spáinne ag tathaint ar údaráis na Spáinne ionradh a dhéanamh ar Éirinn agus leas a bhaint as an reisimint Éireannach a bhí lonnaithe thart ar an mBruiséil.

Ceann de na fadhbanna ba mhó a bhí le socrú, cé bheadh i gceannas ar an bhfórsa ionartha? Moladh go gcuirfí an t-arm faoi chomhcheannas Iarla Thír Eoghain agus Iarla Thír Chonaill mar nach mbeadh ceachtar acu sásta tús ceannais a ghéilleadh don duine eile. Ach ós rud é go raibh an dearg-ghráin ag Seán Ó Néill agus ag Aodh Ó Domhnaill ar a chéile, ba léir go mbeadh sé tubaisteach an bheirt acu a chur i gceannas an fheachtais chéanna. Roghnaigh údaráis na Bruiséile Iarla Thír Eoghain mar aon cheannaire amháin ach b'fhearr le muintir Madrid Iarla Thír Chonaill. Tharlódh go raibh baint mhór ag comhairle Fhlaithre Uí Mhaolchonaire le cinneadh Madrid. Rinne Ó Maolchonaire iarracht ar chleamhnas a dhéanamh idir Mary Stuart O'Donnell, deirfiúr Aodha, agus Seán Ó Néill, agus súil aige go ndéanfaí athmhuintearas idir an bheirt iarlaí ar an mbealach seo ach ní raibh spéis dá laghad ag Mary O'Donnell sa mholadh seo. Nuair nach raibh rath ar an iarracht b'éigean filleadh ar phlean tosaigh an chomhcheannais. Ach céard a tharlódh sa chás go n-éireodh leis an bhfeachtas? Go mbunófaí Poblacht in Éirinn leis na hIarlaí ina gCaptaein Ghinearáil ar an bPoblacht réamhráite . . . duine acu i gceannas ar muir, an duine eile i gceannas ar tír. Bhí Parlaimint le bunú in Éirinn chomh maith tar éis an Éirí Amach.

Tá na moltaí seo le fáil i gcáipéis fhada a chuir ministrí an rí le chéile i Madrid ar an 27 Nollaig 1626 agus a seoladh ar aghaidh go dtí an Bhruiséil le cead an rí.

Úsáidtear na téarmaí 'Ríocht' agus 'Poblacht na hÉireann' i dteannta a chéile trí huaire sa cháipéis: i ngach cás eile is é an téarma 'Poblacht' amháin a úsáidtear. Bhí gníomhairí le cur chuig cumhachtaí móra na hEorpa chun cabhair a lorg uathu. Nuair a bheadh cabhair á lorg ón Ollainn, ba chóir a mheabhrú do na hOllannaigh nach raibh ar bun in Éirinn ach a raibh déanta san Ollainn féin leis an gcineál seo rialtais.

Ach de bhrí nár bhris cogadh amach idir an Spáinn agus Sasana i ndeireadh na dála, thit an scéim as a chéile. Ní mór a chur san áireamh, áfach, nach Poblacht de chuid na haoise seo a bhí gceist ag na Spáinnigh, ach rialtas den chineál a bhí i réim san Ollainn ag an am. Ní ar an tuiscint gurbh fhearr mar chóras polaitíochta í an phoblacht ná an mhonarcacht a bheartaigh na Spáinnigh poblacht a bhunú in Éirinn, ach mar réiteach praiticúil ar fhadhb achrannach an cheannais dhúbalta, go háirithe nuair a bhí an nimh san fheoil ag Iarla Thír Eoghain agus ag Iarla Thír Chonaill dá chéile. Is cosúil go raibh Aodh Mac Aingil báúil leis an bplean seo freisin, nó ar a laghad ar bith go raibh sé ar an eolas faoi na comhráite a bhí ar siúl maidir le cabhair a lórg ón Spáinn. I litir a scríobh sé chuig Propaganda Fidei an 31 Iúil 1626, corradh beag le seacht seachtaine sula bhfuair sé bás, cúrsaí míleata agus ní cúrsaí diagachta a bhí ag cur as dó:

> Hispani sunt tam tardi, ut vix sperari possit aliquid hoc anno per eos effectum iri. [Tá na Spáinnigh chomh mall sin, ar éigean is féidir bheith ag súil le cabhair ar bith uathu i mbliana.]

Má thug an pragmatachas air réiteach a lorg le Séamas I agus an míleatachas a chur i leataobh, a thúisce a bhí an chosúlacht ar an scéal go gcuirfí feachtas míleata go hÉirinn, d'iompaigh sé i dtreo na Spáinne athuair, agus thug tús áite don chogaíocht ar an gcomhréiteach, d'ainneoin nach raibh i ndán dó ach an díomá i ndeireadh báire.

An chéad mhórléargas eile faoin gcóras polaitíochta ba chóir a bheith i réim in Éirinn, tá sé le fáil sa *Disputatio Apologetica* a d'fhoilsigh an tÍosánach Múscraíoch, Conchúir Ó Mathúna, i Liospóin sa bhliain 1645. Tá an saothar seo roinnte ina dhá chuid; an *Disputatio* agus an *Exhortatio*. Sa chéad pháirt pléann an t-údar na cúiseanna ar a raibh éileamh ríthe Shasana bheith ina ríthe ar Éirinn bunaithe. Déanann Ó Mathúna spior-spear de gach aon cheann de na hargóintí sin i ndiaidh a chéile. Ansin deir sé, fiú má bhí ríthe Shasana ina bhflatha dlisteanacha in Éirinn tráth dá raibh, go raibh an ceart sin caillte acu a thúisce a d'iompaigh siad amach ina n-eiricigh agus ina dtíoránaigh, agus go raibh sé de cheart ag cléir, uaisle agus pobal na hÉireann iad a bhriseadh. Faoi mar a dhiúltaigh muintir na Catalóine do riail Philib IV sa bhliain 1638 agus faoi mar a d'fhógair muintir na Portaingéile a neamhspleáchas ar an Spáinn sa bhliain 1640 agus Diúca Braganza a thoghadh mar rialtóir nua dúchais os a gcionn, bheadh sé de cheart ag na Gaeil sa bhliain 1641 cuing an rí eiriciúil a chur uathu.

Sa dara leath den saothar, an *Exhortatio*, spreagann sé muintir na hÉireann chun aithris a dhéanmh ar mhuintir Iosrael sa San Tiomna agus rí dúchasach Caitliceach a thoghadh; 'regem Catholicum & vernaculum seu naturalem Hibernum'. Téann sé ó smacht ar fad ansin agus gríosann sé muintir na hÉireann chun an obair chosanta atá tosaithe acu a thabhairt chun críche, na heiricigh agus naimhde na hÉireann a mharú agus an ruaig a chur ar éinne a thugann tacaíocht dóibh. Tá 150,000 den namhaid maraithe acu sa tréimhse 1641-1645. Anois an t-am chun an chuid eile a mharú nó a thiomáint as an tír.

Ní hiontas ar bith é go ndearna Sir Henry Compton, ambasadóir Shasana i Liospóin, gearán le rí na Portaingéile faoin tráchtas seo, agus d'eisigh an rí dhá fhorógra sa bhliain 1647 ag cur coisc leis an leabhar. Bhí cóipeanna den saothar le fáil in Éirinn an bhliain chéanna, áfach, agus bhí lucht leanúna Dhiúca Urmhumhan ag éileamh go raibh Gaeil chúige Uladh ag baint leasa as chun rí a dhéanamh d'Eoghan Rua Ó Néill. Tharraing an leabhar go leor achrainn in Éirinn, tugadh seanmóirí ina choinne ar fud na tíre agus d'ordaigh Comhchomhairle Chill Chainnigh go ndófaí go poiblí é. Is díol spéise go bhfuil fianaise le fáil sna teistíochtaí a tógadh tar éis an Éirí Amach gur chreid go leor de na gnáthdhaoine nárbh fhada go mbeadh rí dúchais dá gcuid féin acu in Éirinn, díreach mar a bhí á mholadh ag an Mathúnach. Díol suntais le Breandán Ó Buachalla a choitianta atá an nóisean 'rí Éireann' sna teistíochtaí, ach is mó is díol suntais leis an teideal seo a bheith á shamhlú ag an uasaicme agus ag cinnirí an Éirí Amach le Séarlas I, fad is gur le tiarna dúchais— Féilim Ó Néill, Eoghan Rua Ó Néill nó Aodh Mag Uidhir—a bhí an teideal céanna á shamhlú ag an gcosmhuintir.

D'ainneoin nár chomhlíon Séamas I tnútháin Chaitlicigh na hÉireann, níor lúide sin a ndílseacht dó. An dílseacht seo a tugadh don chéad Stíobhartach, tugadh chomh fial céanna í dá chomharbaí, Séarlas I agus Séarlas II. Nuair a bhí Séarlas II ar deoraíocht sa Bhruiséil bunaíodh gréasán láidir dílseachta agus cairdis idir uasaicme na hÉireann agus cúirt na Stíobhartach. Faoi mar a bhailigh deoraithe eaglasta agus deoraithe míleata ón tír seo thart ar chúirt Shéarlais sa Bhruiséil, bhí siad le bailiú mar an gcéanna thart ar chúirt Shéamais II agus Shéamais III i St Germain sa Fhrainc agus sa Palazzo Muti sa Róimh níos faide anonn.

Cúrsaí reiligiúin amháin, is cosúil, an t-aon ábhar amhrais a bhí ag Caitlicigh na hÉireann maidir le dílseacht gan choinníoll a thabhairt do na Stíobhartaigh. Ach fiú amháin sa chás sin, is eisceacht amach is amach é saothar antoisceach Chonchúir Uí Mhathúna, a mhol gan frapa gan taca do Chaitlicigh na hÉireann a ndílseacht do Shéarlas I a chaitheamh i leataobh de bhrí go mb'eiriceach é. Ach cibé amhras a bhí ann, cuireadh an ruaig ar fad air nuair a tháinig Séamas II i gcoróin sa bhliain 1685. De bhrí go mba Chaitliceach é, d'fhéadfaí dílseacht iomlán a thabhairt dó gan leithscéal dá laghad agus is mór an dóchas a bhí ag Caitlicigh na hÉireann go dtabharfadh Séamas a gcearta dóibh. Is gearr gur chuir Briseadh na Bóinne, Cath Eachroma, agus Conradh Luimnigh deireadh leis an dóchas sin, áfach. Fós féin, níor múchadh ar fad é. A mhalairt ghlan ar fad, b'fhéidir, arae is ar chúirt na Stíobhartach i St Germain a díríodh an dóchas feasta, filleadh an rí chirt le cabhair na Fraince agus tacaíocht na reisimintí Éireannacha i seirbhís a Mhórgachta ró-Chríostaí. Is éachtach an líon Éireannach idir chléir is thuath a lorgaigh dídean agus aitheantas ón rí ceart i St Germain. An fhéile agus an charthanacht a léirigh an rítheaglach díbeartha do na hionnarbthaigh seo, ba chúiteamh fial ar a ndílseacht í agus ní raibh in iompar an rí i ndeireadh na dála ach an t-iompar bha dhual don rí ceart i leith a ghéillsineach dílis.

As an gcéad fiche naoi easpag a ceapadh in Éirinn idir 1687 agus 1766, ba iad Séamas II, Mary of Modena, agus Séamas III a d'ainmnigh céad ceithre dhuine is fiche acu don Phápa. Thug na Stíobhartaigh an-aird go deo ar an gceart seo, agus ghearáin Séamas III go tréan leis an bPápa Clemens XII nuair a cheap sé go raibh ceart seo an rí á cheistiú. Níor dhiúltaigh an Vatacáin riamh d'ainmniúchán an Stíobhartaigh, agus is maith a tuigeadh do shagart uaillmhianach ar bith ón tír seo nárbh fhearr rud a dhéanfadh sé, dá mb'áil leis bheith ina easpag, cuairt a thabhairt ar St Germain nó ar chúirt na Stíobhartach sa Róimh. Bhunaigh ceart ainmnithe na n-easpag snaidhm dhocht dhaingean idir an ríora Stíobhartach agus cliarlathas na hÉireann san ochtú haois déag, snaidhm nár briseadh go dtí gur dhiúltaigh an Pápa aitheantas a thabhairt do Bonny Prince Charlie mar Shéarlas III ar bhás a athar sa bhliain 1766.

Bhí idé-eolaíocht na Stíobhartach bunaithe go huile is go hiomlán ar cheart diaga na ríthe agus ar chomharbacht oidhreachta agus feicimid an dá ní seo ag teacht chun tosaigh arís agus arís eile i litríocht bholscaireachta na Stíobhartach i gcaitheamh an ochtú haois déag idir thráchtais léannta, sheanmóintí agus mhórbhileoga na sráideanna. Coir dhúbalta a rinneadh nuair a díbríodh na Stíobhartaigh. Sáraíodh ceart diaga na ríthe nuair a baineadh an choróin díobh, ach ina theannta sin sáraíodh arís é nuair a tugadh an chóroin do rítheaghlach Hanover nach raibh acu an ceart ba chaoile chun na corónach.

Is minic a ligtear i ndearmad a mhinicí a chuirtear trombhéim ar cheart diaga an ríora Stíobhartaigh i bhfilíocht na Gaeilge i rith an ochtú haois déag, idir Ghaeilge na hÉireann agus Ghaeilge na hAlban. I dteannta na gcineálacha éagsúla litríochta, bhí tacadóirí na Stíobhartach sa Bhreatain in ann earraíocht a bhaint as boinn, earraí gloine, samhlacha agus agóidí sráide mar bholscaireacht ar son na cúise. Ach ar an bhfilíocht amháin—agus an ceol a ghabh léi—a dhírigh lucht leanúna na Stíobhartach a gcumas i ndomhan na Gaeilge. Is í an aisling, ach go háirithe, an gléas ab éifeachtaí a bhí ag aos léinn na Gaeilge chun ceart diaga na Stíobhartach a dhearbhú. Is ionann an aisling, déanta na fírinne, agus leagan drámatúil reacaireachta de theoiric cheart diaga na ríthe. Agus bíodh go bhfuil ceann de na coincheapanna is ársa agus is buaine i dtraidisiún na Gaeilge in úsáid san aisling, an bhainis idir an taoiseach agus an bandia, ná dalladh ársaíocht an scéil muid ar sholúbthacht an téama lena chur in oiriúint don riachtanas comhaimseartha, mar atá, dearbhú a dhéanamh ar an gcloch ba mhó ar phaidrín idé-eolaíochta na Stíobhartach, ceart diaga na ríthe.

Is maith le Breandán Ó Buachalla an aisling a shuíomh laistigh de chatagóirí feidhmeacha an mhíleannachais agus an mheisiasachais. Is ionann míleannachas agus coincheap uilíoch a bhaineann le gluaiseacht ar bith a cheapann go mbeidh an slánú i ndán dóibh le teacht na ré órga. Is annamh a tharlaíonn gluaiseacht mhíleannach gan mheisias nó slánaitheoir. Filleadh an Stíobhartaigh a sheolfadh an ré órga isteach, dar leis na Gaeil san ochtú haois déag. Ar theacht an tslánaitheora i réim d'iompofaí an *status quo* bunoscionn, chuirfí na bochtáin in áit lucht an tsaibhris, an lag in áit an láidir. An treascairt seo ar na gnáthionaid a shamhlaítí le lucht an tsaibhris agus le lucht na gannchoda, tá sé ar cheann de shaintréithe an mhíleannachais. Fágann sé seo gur teachtaireacht thar a bheith radacach a chuireann an aisling chun cinn d'ainneoin na dtuiscintí coimeádacha uasaicmeacha ríogacha ónar eascair sí. Agus cé go bhfaightear seintimintí réabhlóideacha den chineál céanna sna teistíochta a tógadh síos tar éis Éirí Amach na bliana 1641, áitíonn Ó Buachalla nach bhfaightear na tuairimí seo i litríocht na Gaeilge go dtí an t-ochtú haois déag.

Is suntasach an ní é a éascaí is a aistríodh reitric an tSeacaibíteachais go dtí na Buachaillí Bána, an chéad ghluaiseacht phobalda in Éirinn, a tháinig chun cinn sna seacht déag seascaidí. Insíonn go leor tuairiscí difriúla dúinn gurbh fhonn coitianta dá gcuid é an t-amhrán Seacaibíteach, 'An Cnota Bán' nó 'The White Cockade'. Is i ngeall ar fhilleadh rí Séarlas atá áthas ar na Buachaillí Bána de réir amhráin amháin. Bhí imní ar chomhfhreagróir an *Dublin Journal* in Aibreán na bliana 1762 go raibh i bhfad níos mó i gceist ag na Buachaillí Bána ná achrann faoi chúrsaí talún:

> It is thought that they had other views, besides houghing and levelling. They expected (as had passed among them) a person from abroad to head them— nothing less than an absolute rising was intended . . .

Bhí imní den chineál céanna á léiriú sna cáipéisí Stáit chomh maith:

Intelligence having been transmitted from Corke, that several French Irish
officers have been employed, for some time past, in disguise, to corrupt the
minds of the lower class of people in these parts, and to stir them up to
sedition and rebellion . . . and that 1500 or 2000 persons had by their means
been collected in different places . . . to learn military discipline by
moonlight . . . under the command of two or more well dressed men with
white cockades committing outrages under the pretence of redressing the
grievances of the poor . . . (SP 63: 421/245)

Dúradh go raibh na Buachaillí Bána ag fanacht nó go dtiocfadh an
Prionsa Séarlas i gcabhair ón bhFrainc agus i ndán le Seán Ó Coileáin
is mar Bhuachaill Bán a léirítear an Prionsa féin.

Thug na Buachaillí Bána aghaidh a gcraois ar an gcléir freisin agus is
spéisiúil an ní é gur le linn na seacht déag seascaidí a briseadh den chéad
uair an aontacht idir an chléir Chaitliceach agus aos léinn na Gaeilge
maidir leis an Stíobhartaigh, aontacht arbh ann di ó thús an tseachtú haois
déag i leith. Nuair a tháinig Quebec faoi cheannas na Breataine tar éis
Chogadh na Seacht mBliana sa bhliain 1763, gheall an rialtas go dtabharfaí
saoirse creidimh do Chaitlicigh Quebec. Ní raibh ann ach ceist ama no
go dtarlódh a leithéid i gcríocha eile de chuid Impireacht na Breataine.
Ón am sin ar aghaidh bhí paidreacha á n-ofráil ar son Sheoirse III i séipéil
na hÉireann. Nuair a dhiúltaigh an Pápa aitheantas don Phrionsa Séarlas
mar Shéarlas III sa bhliain 1766, baineadh an bonn faoi éileamh *de jure*
na Stíobhartach chun na corónach. Faoin mbliain 1774 tugadh cead do
Chaitlicigh na hÉireann móid dílseachta do Sheoirse III a thabhairt. Ach
faoi mar a bhí cliarlathas na hÉireann ag tacú níos mó agus níos mó le
Seoirse III, bhí an fuath céanna ag na filí dó is a bhí acu do gach aon bhall
de shliocht Hanover, bíodh gurbh é seo an chéad rí den sliocht sin a
rugadh is a tógadh i Sasana. I súile na bhfilí ba é an clamh agus an scaoinse
i gcónaí é, fearacht gach aon rí eile dá shliocht. Feiceann Ó Buachalla
rian láidir den fhrithchléireachas ag teacht chun cinn i bhfilíocht na
Gaeilge ag an am seo agus is dóigh leis nach aon taisme é seo ach go bhfuil
dlúthbhaint ag an bhfrithchléireachas seo i measc na bhfilí le dílseacht

nua na hEaglaise Caitlicí do rítheaghlach Hanover. Is de réir mar a bhí an Eaglais Chaitliceach ag tréigean na Stíobhartach agus ag tógáil a páirte mar chuid den bhunaíocht a thug na Buachaillí Bána fúithi. Má bhí an Seacaibíteachas in Éirinn bunaithe ón tus ar luacha coimeádacha traidisiúnta uaslathacha an *Ancien Régime,* is mar reitric cheannairceach, radacach pobail a bhí sí á nochtadh faoi dheireadh.

Is féidir an fhorbairt seo a fheiceáil go soiléir i saothar Mhíchíl Óig Uí Longáin (1765-1837). Chum sé roinnt mhaith aislingí ar an seandéanamh, ceann amháin a cumadh chomh mall le 1796 a bhfuil tagairt ann do Shéamas III. Feicimid dán Béarla leis i dtaobh na mBuachaillí Bána sa bhliain 1785 nach dtéann ar chúl sceiche leis an seicteachas:

> that we may drive protestants to Acheron's fiery grove.

Ansin téann sé isteach sna hÉireannaigh Aontaithe agus tá clú agus cáil Uí Longáin mar fhile, bunaithe ar 'Maidin Luath Cincíse' nó 'Buachaillí Loch Garman'—cé nár chum sé ach ceithre rann den dán sin. Chomh fada agus a bhaineann sé linne, is spéisiúla i bhfad an réamhrá seo a leanas le dán a chum sé sa bhliain 1797, sliocht a léiríonn forbairt thar a bheith suntasach ar an mborbsheicteachas a léirigh sé achar gairid de bhlianta roimhe sin:

> An tan cuireadh suas mé san mbliain 1797 i gCorcaigh mhór Mumhan is ea chumas an t-amhrán beag thíos, do ghríosú bhfear nÉireann de gach aon chreideamh agus go háirithe clanna Gael fána mbeith díleas dea-rúin deiscréideach i gcomhcheangal grá páirte cumainn agus lánmhuintearais i ngrá dearbhráithreachais le chéile, ionas go mb'fhusaide dhóibh an cluiche seo do bhreith agus iad féin do shaoradh ón ndaorchuing sclábhaíochta féna bhfuilid le cian d'aimsir faraoir!

Ar éigean a d'fhéadfaí leagan níos gonta a fháil ar aidhmeanna na nÉireannach Aontaithe ná an sliocht thuas. Agus i gcorp an dáin tugann an Longánach le fios go neamhbhalbh an t-athrú atá tagtha ar mheon an phobail:

Ní deachuithe, a lao, atá ar aon chor uainn,
ná téacsanna, cé gur méala muar,
ach an talamh go léir do bheith saor go buan
ag crú na bhfear ón mBóinn.

Más aisteach linn an t-athrú seo, an forás líneach seo, ó iarsmaí an tSeacaibíteachais trí mheán na mBuachaillí Bána go hidé-eolaíocht Réabhlóid na Fraince, meabhraímis go bhfuil sé seo ag teacht leis na tuiscintí nua atá á bhfáil ag scoláirí staire ar an Seacaibíteachas i Sasana: gurbh é an Seacaibíteachas bunfhoinse an radacachais trí chéile sa Bhreatain agus gur uaidh, ach go háirithe, a shíolraigh an Seacaibíneachas. Nach íoróineach an scéal é gurb é ríogachas na Stíobhartach gusan mbéim ar cheart diaga na ríthe is mó a réitigh an bóthar do phoblachtánachas na hÉireann!

Leabharliosta

Caball, M., 'Faith, culture and sovereignty: Irish nationality and its development, 1558-1625' in B. Bradshaw & P. Roberts (eds.), *British consciousness and identity: The making of Britain 1533-1707* (Cambridge, 1998), 112-139.

Mac Craith, M., 'Filíocht Sheacaibíteach na Gaeilge: ionar gan uaim?', *Éire san ochtú haois déag*, Iml.9 (1994), 57-74.

—, '*Scáthán Shacramuinte na hAithridhe*: saothar reiligiúnda nó saothar polaitíochta?', *Irisleabhar Mhá Nuad 1993*,144-154.

—, 'Creideamh agus athartha: idé-eolaíocht pholaitíochta agus aos léinn na Gaeilge i dtús an tseachtú haois déag' in M. Ní Dhonnchadha (eag.), *Nua-léamha: gnéithe de chultúr, stair agus polaitíocht na hÉireann c.1600-c.1900* (B.Á.C., 1996), 7-19.

Ó Buachalla, B., *Aisling Ghéar. Na Stíobhartaigh agus an t-aos léinn 1603-1788* (B.Á.C., 1997).

Ó Donnchadha, R., *Mícheál Óg Ó Longáin* (B.Á.C., 1994).

Ó Fiaich, T., 'Republicanism and separatism in the seventeenth century', *Léachtaí Cholm Cille II* (1971), 74-87.

Breandán Ó Buachalla

Ollamh le Teanga is Litríocht na Nua-Ghaeilge, Ollscoil na hÉireann, Baile Átha Cliath, 1978-96. Ollamh Cuarta le Irish Studies, New York University, 1997; Parnell Fellow in Irish Studies, Magdalene College, University of Cambridge, 1998. Údar *I mBéal Feirste Cois Cuain* (1968), *Peadar Ó Doirnín: Amhráin* (1969), *Cathal Buí: Amhráin* (1975), *Nua-Dhuanaire II* (1976), *Aisling Ghéar* (1996), *An Caoine agus an Chaointeoireacht* (1998).

AN CÚLRA IDEOLAÍOCH

Is i mBéal Feirste, ar an 14 Deireadh Fómhair 1791, a bunaíodh na hÉireannaigh Aontaithe, nó mar a thugadar orthu féin, The Belfast Society of United Irishmen, agus is ón mbaile sin amach, go háirithe, a scaipeadar na blianta ina dhiaidh sin. I measc na buíne a bhí páirteach sa chumann ó thús bhí William Simms, Samuel Neilson, William Drennan, Henry Joy McCracken—daoine a raibh ionad ceannasach i saol gnó, i saol cultúrtha agus i saol polaitiúil an bhaile acu. B'iadsan agus a muintir rompu a thóg Béal Feirste agus bhí lorg a lámh agus a n-aigne ar gach gné de shaol an bhaile agus de gach tarlang thionscantach dá dtarla inti le linn an ochtú haois déag: bunú *The Belfast News-Letter* sa bhliain 1737, the Brown Linenhall sa bhliain 1773, the Belfast Academy sa bhliain 1786, the Belfast Reading Society sa bhliain 1788, Féile na gCruitirí (nó an Belfast Harp Festival) sa bhliain 1792.

Cé nach raibh níos mó ná 20,000 duine ina gcónaí i mBéal Feirste ag an am, ba bhaile é, dá laghad é, a raibh ionad faoi leith bainte amach aige i saol eacnamaíoch agus i saol intleachtúil na tíre. Tionscal na holla, tionscal an lín agus an fhorbairt a rinneadh ar an gcuan ba bhun le rath eacnamaíoch an bhaile; a chomhdhéanamh reiligiúnda ba mhó faoi deara a bhríomhaireacht intleachtúil. Mar is é is mó a rinne Béal Feirste difriúil le bailte is cathracha na hÉireann ag an am, go raibh tagtha chun cinn i mBéal Feirste meánaicme Phreispitéarach a bhí tugtha, ní hamháin do ghnó is tráchtáil, ach don oideachas, don pholaitíocht, do fheabhsú an duine trí chéile.

Ba de shliocht na nAlbanach a tháinig anall go cúige Uladh le linn an tseachtú haois déag an mheánaicme seo, dream iad nár scaoil riamh an ceangal intleachtúil le hAlbain, óir is in ollscoileanna na hAlban a dhéantaí an chléir Phreispitéireach a oiliúint. Bhí an Eaglais Phreispitéarach, mar eaglais, níos daonlathaí ná an dá mhóreaglais eile in Éirinn sa mhéid nach raibh aon easpagacht ina bun agus gurbh iad baill na hEaglaise féin—na seanóirí—a cheapadh an chléir agus a riaraíodh gach pobal. Leagadar an-bhéim ar an gcoinsias indibhidiúil agus chreideadar gur ar chúnant, cúnant idir an pobal agus an prionsa, agus ní ar an gceart diaga a bhí an chumhacht pholaitiúil bunaithe. Is i gcúige Uladh is mó a bhí na Preispitéirigh in Éirinn agus bhí dáileadh sóisialta an-fhairsing ina measc: fíodóirí is ceardaithe, feirmeoirí beaga is scológa, múinteoirí is siopadóirí, lucht gnó is tráchtála.

De bharr an bhéim a leagaidís ar léamh an Bhíobla agus an meas a bhí ar an scolaíocht acu, bhí caighdeán an-ard litearthachta ina measc. Bhí tréith eile ag baint leo: an reachtaíocht pheannaideach a d'achtaigh Parlaimint Anglacánach Átha Cliath i gcoinne an Chaitleacachais san ochtú haois déag, luigh cuid mhaith di go trom ar Phreispitéirigh freisin. Bhí ar Phreispitéirigh, mar shampla, mar a bhí ar Chaitlicigh, deachú a dhíol leis an chléir Anglacánach; ní raibh aitheantas dlíthiúil ag pósadh i séipéal Preispitéarach. Ní mór an cion, más ea, a bhí ag Preispitéirigh trí chéile ar an Anglacánachas agus ba mhinic aighneas géar binibeach eatarthu, ar bhonn diagachta agus polaitíochta, le linn an ochtú haois déag.

Le linn na haoise sin, freisin, bhí imirce de shíor ó oirthear chúige Uladh go Meiriceá agus d'fhág sin an-suim go léir acu i gcúrsaí na cóilíneachta ansin agus an-bhá acu lena muintir thall. Mar sin, nuair a bhris an cogadh amach i Meiriceá sa bhliain 1775 thug an *Belfast News-Letter* tacaíocht iomlán don réabhlóid thall.

Ní hamháin, más ea, go raibh díograis chreidimh ag roinnt leis an mheánaicme Phreispitéarach agus go raibh tuiscint do thionscail agus tráchtáil acu, ach chomh maith, bhí an-suim acu sa tuairimíocht, sa pholaitíocht agus san fhealsúnacht. Bhí saothar Rousseau, Locke is Paine á léamh is á phlé go poiblí; foilsíodh cúpla eagrán de *The Rights of Man* sa bhaile, agus cuireadh an-fháilte roimh shaothar Tone. Nuair a bhris Réabhlóid na Fraince amach sa bhliain 1789, dúrthas paidreacha buíochais i mBéal Feirste; foilsíodh *Songs of the French Revolution* sa bhaile agus rinneadh titim an Bastille a chomóradh ar an 14 Iúil gach bliain ina dhiaidh sin. I mBéal Feirste go háirithe bhí an-ghlacadh le hidéil na Réabhlóide (*Liberté, Égalité, Fraternité*) agus is sna blianta sin a tháinig chun cinn sa bhaile an ghluaiseacht ar son shaoirse na gCaitliceach, gluaiseacht a bhí bunaithe ní ar charthanacht ná ar fhéinleas ach ar an mhóráltacht pholaitiúil agus ar an cheart sóisialta, dhá bhunchloch den eitic Phreispitéireach.

Is i measc Phreispitéirigh Bhéal Feirste is túisce a chualathas an ghairm 'A Union of All Irishmen'. Ba mhana réabhlóideach é sin ag an am, go háirithe i dtír a raibh an chumhacht pholaitiúil bunaithe ní ar cheart ach ar dhílseacht reiligiúnda, ach léiriú maith is ea é ar an neamhspleáchas aigne agus an machnamh radacach a bhí á gcur chun cinn. Ní hionadh gur ghlac sceoin na húdaráis is gur bheartaigh ar scéimeanna a thionscaint chun cur i gcoinne 'the union between Catholics and Dissenter'. Fógraíodh na hÉireannaigh Aontaithe sa bhliain 1795, go ndearna gluaiseacht rúnda réabhlóideach di a cheangail le gluaiseacht phobalda radacach na Defenders agus a scaip gan mhoill ar fud na tíre. Ní leasú parlaiminte ná cealú ar na dlíthe peannaideacha a bhí d'aidhm ag an ghluaiseacht feasta, ach saoirse na hÉireann.

Tá ráite agus áitithe ag scoláirí difriúla gurbh iad Réabhlóid Mheiriceá sa bhliain 1775 agus Réabhlóid na Fraince sa bhliain 1789 is mó agus is bunúsaí a bhrostaigh agus a mhúnlaigh Éirí Amach na bliana 1798. Tá cuid mhaith den fhírinne ansan, gan amhras, ach ní móide gurb í an fhírinne ghlan í. D'áiteoinnse nach mór réabhlóid eile a chur san áireamh agus go mb'fhéidir gurbh í an réabhlóid sin is mó faoi deara a tharla i 1798. Is í réabhlóid í, an réabhlóid a tharla ag deireadh an tseachtú haois déag a dtugtar 'the Glorious Revolution' uirthi, réabhlóid a d'fhág gur chaill Séamas II (Séamas an Chaca) a choróin agus gur tháinig ina bheart Uilliam Oráiste: chuir Aogán Ó Rathaille níos gonta is níos fileata é: 'ó lom an cuireata cluiche ar an rí corónach'.

Ní cailliúint corónach amháin a bhí i gceist, mar is dá bharrsan a tháinig chun cumhachta in Éirinn an maorlathas Anglacánach; mionlach ar ina lámhasan feasta a bhí láimhseáil na cumhachta in Éirinn, idir chumhacht pholaitiúil agus chumhacht eacnamaíoch, ós acusan anois a bhí seilbh ar an chuid is mó de thalamh na hÉireann. Mar a chuir Aogán Ó Rathaille é, ní raibh in Éirinn tar éis na 'réabhlóide' sin ach:

Tír gan triath de ghrianfhuil éibhir,
tír fá ansmacht Gall do traochadh,
tír gan eaglais chneasta ná cléirigh,
tír le mioscais noch d'itheadar faolchoin,
tír do cuireadh go tubaisteach traochta
fá smacht namhad is amhas is méirlech . . .

Ní leor, dar liom, agus bunús polaitiúil nó foinsí ideolaíocha 1798 á lorg agus á rianadh againn, ní leor díriú ar na foinsí seachtracha amháin; ní mór, chomh maith céanna, aird a thabhairt ar na dálaí inmheánacha, go háirithe ar na cúinsí cultúrtha a bhí ag múnlú na tuairimíochta poiblí in Éirinn féin.

Ó thús deireadh an ochtú haois déag, is sa reitric Sheacaibíteach is príomha agus is leanúnaí a tugadh dúshlán an *status quo* in Éirinn. Reitric í a chuir leicseacan polaitiúil ar fáil do phobal na Gaeilge, leicseacan a bhí bunaithe ar nóisin mar: ceart (seachas neart), cóir (seachas éagóir), saoirse (seachas daoirse). Is sa reitric sin den chéad uair a thagaimid ar an bhfocal 'saoirse' agus é á úsaid mar choincheap teibí i gcomhthéacs polaitiúil: 'Atá Laoiseach . . . 's an Prionsa . . . ag preabadh chun saoirse a thabhairt', arsa Aodh Buí Mac Cruitín; 'Seo chugainn ár saoirse', arsa Tadhg Ó Neachtain; 'Sin gártha ag Gaoil re haiteas, fághaid saoirse feasta', arsa Eoghan Rua Ó Súilleabháin. Ag freagairt don téarma sin, i gcodarsnacht leis, bhí an téarma 'daoirse': bhí na Gaeil 'i ndaoirse ag Danair', dar le Seán Ó Neachtain; 'i láimh eachtrannach' a bhí Éire, dar le hAodh Buí Mac Cruitín, agus 'ár bhflaithibhne fó dhaoirse'.

Anailís an-simplí ach anailís fhíoréifeachtach a rinne an reitric Sheacaibíteach ar dhálaí na hÉireann agus ar a leigheas. Ní raibh ach dhá aicme le haithint in Éirinn: dream a bhí thíos faoi ansmacht eachtrann, in anbhroid na saoirse, faoi tharcaisne mhursanta na haicme eile—an Gallsmacht, clann Chromail, sliocht Liútair is Chailbhin, bodaigh an Bhéarla ar acu a bhí ceannas is cumhacht, talamh is maoin; dream ar le neart claímh, ansmacht is aindlí a fuaireadar a raibh acu. B'é creideamh na Seacaibíteach agus b'é an bunteagasc a bhí á chraoladh acu nach raibh leigheas i ndán d'Éirinn go bhfillfeadh an Stíobhartach agus go ruaigfí Seoirse is a bhuíon; le lámh láidir amháin a dhéanfaí sin.

Agus mar sin, cé gur mar reitric choimeádach ag cosaint luachanna traisisiúnta an *Ancien Régime* a nocht an Seacaibíteachas é féin ar dtús, is mar reitric cheannairceach a thug dúshlán an *status quo* a d'fheidhmigh sí in Éirinn ar deireadh. Ó 1730 ar aghaidh chítear an reitric sin ag freastal ar phobal níos fairsinge agus níos ilaicmí i réimeanna difriúla teanga; téann sí i ndásacht freisin agus i bhfíochmhaireacht:

Beidh caorlasair cuthaigh in éadan gacha óigfhir,
chum éirligh is marfa gach péiste Ghallachóbaigh,
ní fheicfear aon neach acu ón mbliain seo ach go brónach,
crochfam na búir is a ndúnbhailte dóifeam,
go bhfeicfeamaoidne súd is go súgadh ár sórtna . . .

Ach ní hí fíochmhaireacht na reitrice ba thábhachtaí ach a mharthanaí a bhí an reitric Sheacaibíteach agus an dlúthcheangal a bhí idir í agus an mhaitrís chultúrtha dhúchais, ceangal a chuir ar a cumas í féin a chur ar fáil agus in oiriúint do ghluaiseachtaí eile—na Buachaillí Bána, mar shampla, agus d'aon ghníomhaíocht pholaitiúil eile mar ba ghá. Mar sin, nuair a d'ionsaigh Arm na Meiriceánach Quebec sa bhliain 1775 agus nuair a chaith fórsaí na Breataine teitheadh ó Bhostún, lá fhéile Pádraig 1776, is laistigh de reitric an tSeacaibíteachais a shuíonn Eoghan Rua Ó Súilleabháin agus filí eile na heachtraí sin agus a dtábhacht. Mhínigh Uilliam Ó Lionáin cén scéal a bhí faighte anois aige ón spéirbhean:

Do labhair 'na dhéidh sin go béasach i nGaoilge,
is d'aithris dom scéala do mhéadaigh mo chroí-se:
go rabhadar béaraibh an Bhéarla go cloíte,
gan arm, gan éadach, go traochta, gan tíortha,
táid cartaithe i gcarcair 'na ndrangaibh gan treoir,
faoi atuirse i nglasaibh ag Washinton beo,
gan ghradam, i mairg, gan charad ná lón;

Léiríonn na dánta Gaeilge a cumadh ar Réabhlóid Mheiriceá nach ag léibhéal fealsúnta amháin a chuaigh an réabhlóid sin i bhfeidhm in Éirinn, ach go mb'fhéidir gur ag an leibhéal siombalach is an leibhéal mothaitheach is mó a bhí éifeacht aici ar Éireannaigh. Chomh fada is a bhain le filí na Gaeilge, bhí na Sasanaigh á bplancadh i Meiriceá; 'go saortar sinne agus gach nduine dár ndream', a ghuigh Eadbhard de Nógla; b'é fíoradh na fáistine é, dar le file eile.

Laistiar den reitric Sheacaibíteach, á cothú agus á dlisteanú de shíor, bhí ollúdarás traidisiúnta na fáistine, ráiteachas na tairngreachta faoi mar a bhí curtha in iúl ag naoimh dhúchais na hÉireann. Dheimhnigh an ráiteas sin go gonta léir an anailís Sheacaibíteach agus a mian míleannach go raibh an dream a bhí thuas le leagadh agus an dream a bhí thíos le teacht aníos go caithréimeach:

> Do bhíomairne agus ní bhfuilimíd,
> atáidsean agus ní rabhadar,
> beimídne agus éistfidhear linn,
> ní bheidsean ná a dtuairisc go brách.

Dioscúrsa polaitiúil a bhí sa tairngreacht, dioscúrsa a bhí ar fáil ag íseal is uasal, ag léannta is ag neamhléannta ó cheann ceann na tíre; teachtaireacht í a choimsigh téamaí comhlántacha: bhí fuil le dortadh in Éirinn, bhí cogadh mór deiridh le bheith ann idir Gael is Gall, bhí cabhair le teacht thar toinn, bhí na Gaill le ruaigeadh, na Gaeil le hathréimiú ina dtír dhúchais féin. Bhí an tuiscint go raibh saoradh na hÉireann ag brath ar chabhair choigríche inghreamaithe i ráiteachas ársa na tairgreachta. Ní hionadh, mar sin, nuair a tháinig an chabhair sin ar deireadh thiar, gurbh í an phearsa ab ársa san ideolaíocht dhúchais—an tSeanbhean Bhocht—gurbh ise a d'fhógair go raibh na Francaigh ag teacht; mar a dúirt an bailéad, *'Les Francais sont sur le mer, dit le Seanbhean Bhocht'*.

Is í an íomhá choiteann a spreag Réabhlóid na Fraince ar fud na hEorpa ag an am, go raibh, ar deireadh thiar, an saol á chur bunoscionn, go raibh ríthe is uaisle á dtrascairt, *l'Ancien Régime* á chur ar ceal, 'riail ghlan úr', mar a dúirt file anaithnid Gaeil, le cur ina áit:

> Tá na Francaigh san am so cur céim ar gcúl,
> 's ní bhíonn Prionsa os a gcionn acht riail ghlan úr . . .

> Ní bhíonn Laoiseach nó rí eile ón aimsir so suas,
> sna críochaibh cur daoirse ar gach dea-mhac go buan,
> béidh na daoine lán críonnacht gan ghéibheann, gan ghuais,
> is toil shaor ag clanna Mhíle le séan go lá an Luain.

An toil shaor a bhí le cur ar fáil, is do chlanna Mhíle a d'fheidhmeodh sí, de réir na dtuiscintí traidisiúnta:

Ní ó dhúchas fuair Lúitear nó aon neach dá phór,
a bhfuil de chúirteanna úrgheal acu ó Luimneach go Bóinn,
tuitfidh sciúirse ar na búir seo le Gaelaibh i ngleo,
is ní bhíonn dúiche nó dún acu in Éirinn níos mó.

An bhéim a chuirtear ar 'clanna Mhíle' san amhrán sin agus an reitric thraidisiúnta a úsáidtear ann, faightear iad araon in amhráin eile a cumadh ar 1798. 'Gaeil bhocht cráite', mar a deir dán amháin, agus i ndán eile labhartar ar 'na buachaillí breá Gaelach' a bhí ag troid ar thaobh amháin; ina gcoinne bhí 'na bodaigh'—an téarmaíocht chéanna a fhaightear sa véarsaíocht dhí—ainm a cumadh ar Chogadh an dá Rí. Níl aon bhéarlagair nua á chleachtadh sna hamhráin seo; is iad na múnlaí traidisiúnta machnaimh is reitrice atá fós á gcur in ócáid. Is é an scéal céanna é ag Mícheál Óg Ó Longáin, príomhfhile na tréimhse. Ach ní hamháin gurbh fhile é Mícheál Óg Ó Longáin, ba Éireannach Aontaithe é freisin, agus is é a d'eagraigh an cumann lasmuigh de chathair Chorcaí. Finné príomha é, más ea.

An chéad dán riamh a scríobh Mícheál Óg, dán é a chum sé, a deir sé féin, sa bhliain 1785, 'an tan táinig Buachaillí Bána'; aisling í agus an spéirbhean ag fógairt

go bhfuil garda thréan ag Carolus ag taisteal roimhe ar bharr na dtonn,
beidh báire is céad ar Shacsanaigh is Fanatics dá gcrá gan chabhair.

Sna blianta ina dhiaidh sin, scríobh sé sraith aislingí polaitiúla ar an seanmhúnla céanna, sa reitric chéanna agus an teachtaireacht Sheacaibíteach fós á fógairt go soiléir neamhchas ag an spéirbhean. Ní mór glacadh leis gur tuigeadh do Ó Longáin go raibh an reitric sin fós oiriúnach agus fós áiseach chun anailís a dhéanamh ar na dálaí comhaimseartha; bhí brí fós leis an reitric sin, ní foláir, ní hamháin ag Ó Longáin féin ach ag a chomhghleacaithe liteartha agus ag a lucht éisteachta.

Is í an bhuntuiscint a nochtann Ó Longáin ina chuid filíochta go raibh idirdhealú dénártha le déanamh idir dhá aicme in Éirinn. Ar thaobh amháin bhí clanna Gael, clanna Mhíle, na Gaeil; ina gcoinne sin bhí Danair, Gaill, aicme Liútair, Sacsanaigh, bodaigh an Bhéarla nach raibh iontu trí chéile ach búir, tíoránaigh nó meirligh. 'Is mó fear maith álainn', a deir sé, a mhairbh 'na Danair' sa bhliain 1798; is iad na Danair, a deir sé, 'a bhí ag rith orm' an bhliain sin, 'de chionn gur bhearras mo ghruaig'; is iad 'na tíoránaigh', a deir sé, a dhíbir a chol ceathrair go Bottany Bay, a chroch a chairde is a bhuaigh ar na Francaigh i gCill Ala; is iad na 'búir' a chéas é féin is a mhuintir.

Déanann Ó Longáin tráchtaireacht leanúnach ina shaothar, idir phrós is fhilíocht, ar imeachtaí is ar phearsana comhaimseartha; ar a ghníomhaíocht féin agus gníomhaíocht a chomhghleacaithe; ar Lord Edward Fitzgerald, Art Ó Conchúir is Bonaparte, ar theacht chun cinn na nOráisteach. Mar seo a chuireann sé síos ar bhunú na nÉireannach Aontaithe:

1792. Urmhór bhfear nÉireann de gach aon chreideamh do dhul i gcomhcheangal páirte re chéile d'fhonn Éire do shaoradh ó dhaorchuing na Sacsan.

Nóisean lárnach i saothar Uí Longáin is ea é an 'daorchuing' ina raibh na Gaeil : daorchuing sclábhaíochta, daorchuing na Sacsan, daorchuing na Breataine Móire. 'Bhí géarleanúin throm dhiacrach ar fhearaibh Éireann an tan sin', a deir sé, 'agus go háirithe ar Chlanna Gael'; 'is mór an stoirm seo chuim bhfear nÉireann sa mbliain seo', a deir sé, 'agus go háirithe chum clanna Gael'. Cúram lárnach de chuid Uí Longáin, ó thús deireadh a shaothair, is ea stair anacrach na nGael, a n-ainríocht láithreach, agus a ndán. Is í an téarmaíocht phríomha a chuir Ó Longáin in ócáid agus an dán sin á thuar aige, téarmaíocht a chuimsigh an aidiacht, 'saor'; an briathar, 'saoradh'; an t-ainm teibí, 'saoirse':

do bhrúfaidh aicme an Bhéarla
is do thabharfaidh saor bhur dtír . . .
do shúil go bhfaicfinn saor sibh
in bhur ndúchas féin arís . . .

Nuair a d'éirigh 'drong d'fhearaibh Éireann' amach i Loch Garman sa bhliain 1798, dheineadar san, a deir sé, ag súil 'go n-éireodh an chuid eile d'Éirinn agus go dtiocfadh Francaigh dá gcabhair agus mar sin go saorfadaois Éirinn'. 'Fear maith de chairdibh na saoirse' a thugann sé air féin i ndán amháin dá chuid; scríobh sé ceann eile, a deir sé

> don meid de chairdibh na saoirse do thit ar Chnoc an Vinéigre i Laigheanaibh ... agus ó shin anuas.

Ní féidir gan aird a thabhairt ar a lárnaí atá an coincheap sin, 'saoirse', i reitric Uí Longáin. Agus cé go bhfuil trácht aige, ina shaothar, ar idéil eile na nÉireannach Aontaithe—'comhcheangal grá, páirte, cumainn agus lán mhuintearais agus i ngrá deartháireachais le chéile'—thug sé tús áite don tsaoirse agus do scaoileadh na cuinge—'daorchuing na sclábhaíochta'. Ba dhuine é, a deir sé i gcolafan dá chuid, ba dhuine é 'ler bh'áil na coimhthigh do bheith díbeartha a hÉirinn'. Ghuigh sé:

> Go bhfeiceam Éire saor gan daoirse,
> 's an bhratainn uaithne in uachtar scaoilte,
> gach tíoránach claoincheardach coimhtheach
> in ainm an diabhail is gan Dia dá gcoimhdeacht.

Más iomarcach linne an tábhacht a bhronnann Ó Longáin ar shaoirse, ní mór a mheabhrú gur bhronn na Francaigh an tábhacht phríomha chéanna ar *Liberté*. Más garg linne inniu a sheintimintí, más ainmheasartha, ní mór dúinn a thuiscint go rabhadar coiteann go maith ag an am i measc na nÉireannach Aontaithe trí chéile, ní hamháin i gcontae Chorcaí, mar a raibh Ó Longáin, ach ó thuaidh freisin. Agus fir chontae an Dúin ag tiomsú chun troda, samhradh brothallach 1798, is mar seo a ghríosaigh Thomas Leslie Birch iad, ministir Preispitéireach, agus iad ag dul sa ghleo:

> Men of Down are gathered here today, being the Sabbath of the Lord God, to pray and fight for the Liberty of this Kingdom of Ireland. We have grasped the pike and musket and fight for right against might; to drive the bloodhounds of King George the German king beyond the seas. This is Ireland, we are Irish, and we shall be free.

Leabharliosta

Elliott, M., *Partners in Revolution* (London, 1982).

Ó Buachalla,B., *I mBéal Feirste Cois Cuain* (B.Á.C.,1968).

—, *Aisling Ghéar* (B.Á.C., 1996).

Ó Conchúir, B., *Scríobhaithe Chorcaí 1700-1850* (B.A.C., 1982).

Ó Donnchadha, R., *Mícheál Óg Ó Longáin* (B.Á.C.,1994).

Ó Muirthile, D., *Tomás Ó Míocháin: filíocht* (B.A.C., 1988).

Ó Mórdha, S.P., 'Dán faoi Mhuirthéacht na Fraince', *Éigse 7, III* (1954), 202-204.

Ó Rathaile, T., 'Micheál Óg Ó Longáin', *An Claidheamh Soluis*, 17 Márta 1907.

Smith, J., *The men of no property* (B.Á.C., 1992).

Thomas Bartlett

Ollamh le Nua-Stair na hÉireann, Roinn Stair na hÉireann, Ollscoil na hÉireann, Baile Átha Cliath. Go leor leabhar agus alt scríofa aige ar stair na hÉireann agus ar an gcaidreamh Franca-Éireannach ón seachtú haois déag i leith. Ar a chuid leabhar tá: *The Fall and Rise of the Irish Nation* (1992) agus *The Life of Theobald Wolfe Tone* (1998).

Thomas Bartfai

ÉIRE AGUS AN FHRAINC SNA 1790Í

Tá glactha go ginearálta ag lucht na staire leis gurbh iad na 1790í na deich mbliana ba thábhachtaí i nua-stair na hÉireann. Le linn na ndeich mbliana sin, cuireadh tús leis an phoblachtánachas agus leis an scarúnachas: bunaíodh Maigh Nuad agus tháinig na Fir Bhuí—na hOráistigh—ar an saol (bhí ceangal idir an dá rud seo!) agus chríochnaigh na deich mbliana seo le hAcht na hAontachta. Ní áibhéil a rá gurbh iad imeachtaí na 1790í a chuir idir fhráma agus chrot ar struchtúir pholaitaíochta na hÉireann ó shin i leith. Cinnte, bhí athruithe móra ar siúl ar mhór-roinn na hEorpa ag an am seo, chomh maith, mar bhí Réabhlóid na Fraince faoi lán seoil agus bhí airm agus saighdiúirí na Fraince ag iarraidh (nó in ainm is a bheith ag iarraidh) prionsabail na réabhlóide sin—Saoirse, Comhionannas agus Bráithreacht—a easportáil chuig na tíortha eile ar fud na hEorpa. Sna deich mbliana seo, bhí dán na hÉireann agus dán na Fraince chomh fite fuaite lena chéile gur féidir linn 'blianta na bhFrancach' a thabhairt orthu.

Cén fáth a raibh suim ag muintir na hÉireann (nó cuid acu, ar aon nós) in imeachtaí sa Fhrainc sna 1790í? Cén fáth ar tharraing grúpaí éagsúla in Éirinn inspioráid ó na himeachtaí corraitheacha a bhí ar siúl sa tír sin? I súile na ndaoine seo, ba í an Fhrainc 'réalt maidine na saoirse', agus ba mhian leo na smaointe nua faoi ionadaíocht, faoin daonlathas, agus faoi chearta daonna a thabhairt go hÉirinn. Cén fáth ar mhian leo a léithéid a dhéanamh?

2

Má théann muid siar sa stair, nó fiú sa réamhstair, is féidir linn a fheiceáil go raibh ceangal de shaghas éigin i gcónaí ann idir Éire agus an Fhrainc. Bhí mainistreacha curtha ar bun ag Naomh Columba agus Naomh Fursa sa Fhrainc sa chéad mhíle bliain, agus bhí scoláirí Éireannacha agus manaigh Éireannacha le fáil ag cúirt an Impire Charlemagne. Agus tar éis na bliana 1200 agus teacht na Normannach go hÉirinn bhí tionchar mór ag na Francaigh le feiceáil ar chúrsaí na hÉireann, mar gur thóg na Normannaigh caisleáin, thionóil siad parlaimintí agus go háirithe bhunaigh siad sleachta nua—muintir

Prendergast, Barry, Butler, agus Fitzgerald ina measc. Is léir, áfach, gur san ochtú haois déag a tharla sé go raibh an bhaint idir Éire agus an Fhrainc i bhfad níos dlúithe ná mar a bhí riamh roimhe sin. Le linn na haoise seo tá na ceangail idir an dá thír le feiceáil ar bheagnach gach leibhéal. Ar bhonn míleata, bhí na 'Géanna Fiáine' ag dul chun na Fraince le liostáil san arm thall; ar bhonn reiligiúnach, ós rud é go raibh oideachas agus oiliúint ghairmiúil coiscthe orthu in Éirinn de réir na bPéindlíthe, bhí sagairt Éireannacha ag freastal ar choláistí i bPáras, in Douai agus in Bordeaux; ar bhonn tráchtála, bhí longa agus lastais fíona agus feola iontu ag teacht agus ag imeacht idir Éire agus an Fhrainc; ar bhonn daonna, bhí na mílte Protastúnach Francach—na hÚgóinigh – lonnaithe in Éirinn, agus bhí pobail shuntasacha Éireannach sna bailte móra míleata suite ar theorainneacha na Fraince. Fiú amháin i gcúrsaí litríochta, bhí tionchar na Fraince le mothú, mar bhí éileamh agus díol mór in Éirinn ar leabhair Fhraincise le Rousseau agus le Voltaire.

Féachaimis, ach go háirithe, ar an cheangal míleata idir Éire agus an Fhrainc san ochtú haois déag. Sa bhliain 1689, tar éis dó teitheadh chun na Fraince, cuireadh brú ar Shéamas II teacht go hÉirinn, a bhrat a thógáil, agus Liam Oráiste a mhealladh chuig an tír seo. Tugadh gealltanas dó go mbeadh arm Francach ar fáil dó, agus ginearál Francach, St Ruth, ag ceann na saighdiúirí seo. Idir na blianta 1689 agus1690 tháinig na mílte saighdiúir Francach i dtír i gCionn tSáile chun cabhrú leis na Seacaibítigh, mar a thugtaí ar lucht leanúna Shéamais II. Is maith is eol dúinn cad a tharla do na saighdiúirí seo: Briseadh na Bóinne sa bhliain 1690, tubaiste ag Cath Eachroma bliain ina dhiaidh sin, bás St Ruth agus scrios ar phlúr uaisle na hÉireann. Tar éis an chogaidh, liostáil na mílte saighdiúir Éireannach i reisimintí speisialta de chuid Arm Ríoga na Fraince. Go teoiriciúil, cé go raibh na reisimintí seo—na Géanna Fiáine—san Arm Ríoga, ba le Séamas II iad i ndáiríre, agus d'aithin gach duine go raibh siad ann chun teacht i dtír in Éirinn dá bhfaighidís an deis chuige. Bhí an ceangal Seacaibíteach seo an-tábachtach anuas go dtí lár na haoise, agus níos faide anonn fós, agus ní taobh le cúrsaí míleata amháin a bhí a thionchar. Cinnte, bhí na mílte saighdiúir ag teacht isteach sna reisimintí Éireannacha—suas le 30,000 fear idir 1690 agus 1730—agus bhain siad slite beatha amach dóibh féin in Arm na Fraince. Ach i rith na haoise sin bhí an ceangal trádála idir Éire agus an Fhrainc ag éirí níos láidre. Agus cé is moite de na rudaí seo, bhí cúirt dá chuid féin ag Séamas II agus ag a mhac, fuair siad aitheantas ónPhápa, agus d'fhág sé seo go raibh siad in ann na heaspaig Chaitliceacha in Éirinn a ainmniú, ar a laghad go ceann seachtó bliain tar éis Chath na Bóinne. Ach thar rud ar bith eile, chuaigh an ceangal idir Éire agus an Fhrainc i gcion ar litríocht na ngnáthdhaoine, agus tá an téama sin, 'fuascailt', le léamh i ndánta na bhfilí, go háirithe sna dánta sin a dtugtar 'aislingí' orthu.

Is féidir linn dhá phointe a dhéanamh faoin scéal seo. Ar an chéad dul síos, de thoradh an cheangail mhíleata, bhí eolas an-mhaith ag na Francaigh ar Éirinn le linn an ochtú haois déag; bhí tuiscint ag na ginearáil Fhrancacha ar thábhacht straitéiseach na hÉireann le hais Shasana, agus chuir siad rompu, ó am go ham, ionsaí a dhéanamh ar Éirinn. Cinnte, níor tháinig rud ar bith as na pleananna éagsúla seo. Ach, ar go leor bealaí, tá aon chaint ar 'theip' ar strae ón mharc. Dá mbeadh suim i ndáiríre ag na Réabhlóidí Francacha sna 1790í ionsaí a dhéanamh ar Éirinn chun buille a thabhairt do Shasana, ní bheadh aon ghanntanas doiciméad ná eolais ag cur isteach orthu. De thoradh an cheangail mhíleata, bhí an-taithí ag lucht straitéise na Fraince ar Éirinn agus bhí bocsaí go leor acu lán de phleananna, de mhapaí, de phictiúir thopagrafacha agus de chairteacha gaoithe agus loingseoireachta. Go dtí an lá inniu féin, is féidir na doiciméid seo a léamh sa chartlann mhíleata ag an Château de Vincennes in aice le Páras.

Sa dara háit, de thoradh thionchar an tSeacaibíteachais, bhí meon na nGael—má bhí a leithéid ann—cleachta ar an smaoineamh go mbeadh cabhair ag teacht ón choigríoch: mar a bhí sé scríofa ag an fhile, go mbeadh 'na bráithre [nó na saighdiúirí] ag teacht thar sáile agus ag triall ar muir . . .' Bhí fealsúnacht na haislinge go beo bríomhar i meon na ndaoine, agus focail na bhfilí i mbéal an phobail. D'fhág sé seo, go praiticiúil, nach raibh mórán difríochta idir an Seacaibíteachas agus an coincheap nua a d'eascair as Réabhlóid na Fraince sna 1790í—an Seacóibíneachas. Cé go raibh bearna mhór eatarthu ó thaobh reiligiúin de, ó thaobh an ríochais de agus ó thaobh dearcaidh ar an uasaicme de, ar bhealach tábhachtach bhí formhór mhuintir na hÉireann—a bhí go hoifigiúil, tugtha don Seacaibíteachas—ar a suaimhneas i dtaca leis an Seacóibíneachas.

Nuair a bhris Réabhlóid na Fraince amach i 1789, mhéadaigh go mór ar an spéis a bhí ag Éireannaigh i gcúrsaí na Fraince. Bhí leasaitheoirí in Éirinn ar mhian leo athruithe a thabhairt isteach sna structúir pharlaiminteacha, agus an Pharlaimint féin a dhéanamh níos ionadaí; tharraing an dream seo idir mhisneach agus inspioráid ó thitim an Bastille agus, mar a chonacthas dóibhsean é, ó thús ré nua na saoirse. Go háirithe, chuaigh imeachtaí sa Fhrainc i gcion ar na Preispitéirigh i dtuaisceart na hÉireann. Ar ndóigh, bhí siad sásta leis an spreagadh a bhí tugtha don fheachtas um leasú parlaiminteach in Éirinn. Bhí leasú parlaiminteach san aer arís agus bhí na Preispitéirigh cinnte go dtiocfadh buntáiste as seo. Ach, cé is moite de sin, i dtaca leis na Preispitéirigh de, bhí tábhacht ar leith ag baint leis na himeachtaí i bPáras. Níorbh é amháin gur tír Chaitliceach a bhí sa Fhrainc, ach gur cheap na Preispitéirigh go raibh sí ar na tíortha ba Chaitlicí ar domhan, agus gurbh í príomhthaca an Phápa agus na hEaglaise Caitlicí domhanda í. Le leagadh na monarcachta sa Fhrainc, dar le cuid acu nach mbeadh i bhfad ann go dtitfeadh an Eaglais Chaitliceach féin. Bhí an stair féin ag bogadh, agus thug sé seo idir dhúshlán agus chuireadh do na Preispitéirigh a bheith páirteach sa suaitheadh. Agus mar bhuille scoir, ghlac na Preisbitéirigh leis go raibh na Caitlicigh dall ar an tsaoirse, go raibh siad faoi gheasa ag na sagairt, agus go gcuirfidís géarleanúint ar na Protastúnaigh, dá mbeadh an seans acu. Dá réir sin, níorbh fhéidir cearta polaitíochta a thabhairt dóibh. Agus anuas go dtí an pointe sin, ní raibh na Caitlicigh páirteach sa ghluaiseacht chun leasú parlaiminteach a bhaint amach.

D'ardaigh Réabhlóid na Fraince ceist mhór faoi na tuairimí agus na ráitis seo faoi mheon na gCaitliceach. Ba iad Caitlicigh na Fraince a thug ionsaí ar an Bastille, a chuir deireadh leis an mhonarcacht agus a scar an Eaglais Chaitliceach ó Stát na Fraince. Dá mb'fhéidir le Caitlicigh na Fraince iad féin a chur ar bhealach na saoirse, b'fhéidir nach raibh Caitlicigh na hÉireann chomh dall sin ar an tsaoirse chéanna; b'fhéidir, tar éis an tsaoil, nach raibh siad báite i bpiseoga agus i ndorchadas an aineolais. Ba í seo an teachtaireacht a bhí ag Theobald Wolfe Tone sa phaimfléad a scríobh sé i samhradh na bliana 1791, *An Argument on behalf of the Catholics of Ireland*. Sa phaimfléad seo, d'iarr Tone ar na Preispitéirigh féachaint go grinn ar an Fhrainc agus ar ar tharla sa tír sin; agus d'impigh sé orthu na ceachtanna cuí a fhoghlaim ó ról Chaitlicigh na Fraince sa réabhlóid. I mBéal Feirste, faoi anáil Réabhlóid na Fraince, chuir cuid de na Preispitéirigh rompu cumann nua a bhunú, agus i mí Dheireadh Fómhair, 1791, tháinig le chéile den chéad uair Cumann na nÉireannach Aontaithe. Ba é an cuspóir a bhí ag an chumann seo, leasú parlaiminteach a chur i gcrích trí aontas a chothú idir na Caitlicigh, na Preispitéirigh agus baill na hEaglaise Bunaithe. Bheadh deireadh leis an seicteachas; bheadh ré nua ag tosú in Éirinn.

Sna blianta sin idir 1791 agus 1794 rinne na hÉireannaigh Aontaithe a ndícheall chun leasú parlaiminteach a thabhairt isteach in Éirinn. D'fhoilsigh siad nuachtán, *The Northern Star*, agus chuir siad amach leabhair, paimfléid, agus fiú amháin amhráin chun a dteachtaireacht a chur os comhair na ndaoine. Rinne siad iarracht úsáid a bhaint as tionóil ina mbeadh plé agus díospóireacht ar an struchtúr poláitíochta nua a bheadh ann dá n-éireodh leo. Chuir siad rompu Óglaigh na hÉireann a athbheochan (thug siad teideal nua dóibh, an Garda Náisiúnta—ar nós *La Garde Nationale* thall i bPáras—agus ba é an straitéis a bhí acu, úsáid a bhaint as na hÓglaigh chun brú a chur ar fheisirí Pharlaimint na hÉireann glacadh le cúis an leasaithe. Sa deireadh, áfach, theip orthu leasú parlaiminteach a chur i gcrích. Ní raibh rialtas Shasana sásta glacadh leis an scéim seo; i súile London, dá mbeadh leasú parlaiminteach ann, bheadh sé i bhfad níos deacra a smacht siadsan a choinneáil ar Pharlaimint na hÉireann. Ar an taobh eile den scéal, ní raibh baill Pharlaimint na hÉireann i bhfabhar córais leasaithe thoghchánaíochta; dá mbeadh a leithéid ann, bheadh sé i bhfad níos deacra agus níos costasaí orthu féin a chinntiú go dtoghfaí iad.

Ach, thar rud ar bith eile, faoin bhliain 1793 bhí cogadh ar siúl idir Sasana agus an Fhrainc, agus d'fhág sé sin go raibh deireadh le leasuithe de gach sórt. I súile na droinge a bhí i gceannas, ní raibh mórán idir réabhlóidí Francacha agus Eireannaigh a bhí díograiseach chun leasaithe; bhíodar araon ag comhoibriú le chéile chun cumhacht Shasana a bhriseadh; agus faoin bhliain 1794 bhí go leor fianaise ann go raibh teagmháil bunaithe idir rialtas na Fraince agus baill na nÉireannach Aontaithe. Is fiú an cheist a chur: cén fáth go raibh spéis ag rialtas réabhlóideach na Fraince i gcúrsaí na hÉireann?

Mar atá ráite agam cheana, bhí ceangail mhíleata le fada idir Éire agus an Fhrainc, agus ó na 1690í i leith, bhí staidéar déanta ag oifigigh in Arm na Fraince agus ag oifigigh Chabhlach na Fraince ar na háiteanna ab fhóirsteanaí in Éirinn dá mbeadh ionradh le déanamh ann. Cinnte, tar éis sheoladh na réabhlóide, d'fhógair an rialtas nua sa Fhrainc go raibh deireadh leis an stair, le seanbhealaí an *Ancien Régime*, agus go raibh ré nua ag tosú i gcogaíocht. Ach ina ainneoin sin, níorbh fhéidir leo fáil réidh ar fad leis an taithí, ná leis an chuimhne stairiúil, a bhí acu ar Éirinn.

Nuair a bhris an cogadh amach go luath sa bhliain 1793, níorbh fhada go dtí gur aithin na húdaráis sa Fhrainc a thábhachtaí is a bhí Éire i bpleananna míleata Shasana. Ar an chéad dul síos, murarbh ionann agus cogaí eile roimhe sin, bhí éileamh mór ag fórsaí an rí ar Éireannaigh mar shaighdiúirí agus mar mhairnéalaigh, agus bhí gach iarracht á déanamh ag Londain agus ag Caisleán Bhaile Atha Cliath chun a leithéid a mhealladh isteach i seirbhís an rí. Cé is moite de sin, bhí Éire an-tábhachtach sa chogadh, mar go raibh an tír seo ina príomhsholáthraí bia d'fhórsaí agus do Chabhlach na Breataine. Dá dtiocfadh leis na Francaigh briseadh isteach ar na soláthairtí seo, idir bhia agus fhir, dhéanfaidís damáiste mór do Shasana agus é ag fearadh cogaidh. Arís, ó thaobh straitéise de, bhí oileán na hÉireann suite an-chóngarach don Bhreatain: d'fhéadfadh sí bheith ina droichead nó ina clochán d'fhórsaí na Fraince dá dtriáilfidís ionsaí a dhéanamh ar an tír sin. Ar an chuid is lú, dá dtiocfadh le fórsa beag Francach teacht i dtír in Éirinn, bheadh ar rialtas na Breataine na mílte saighdiúir a sheoladh isteach sa tír seo chun an fórsa seo a smachtú. Cinnte, dá mbeadh arm mór Sasanach ar dualgas anseo in Éirinn, ní fhéadfadh sé bheith ag troid ar mhór-roinn na Eorpa ná sna hIndiacha Thiar, áiteanna a mbeadh an 'fíorchogadh' ar siúl. Sa deireadh, bhí cúis eile ann a mhíníonn an spéis ar leith a léirigh údaráis na Fraince in Éirinn: fonn díoltais. Ag tosú sa bhliain 1793, bhí cogadh rua ar siúl in iarthar na Fraince idir na réabhlóidí agus na frithréabhlóidí. Ní gá dúinn an cogadh cathartha sa Bhriotáin ná sa Vendée a mhíniú go mion anseo, ach tá sé tábhachtach a thuiscint gur chuir rialtas na Fraince iomlán an mhilleáin faoin choimhlint seo ar ghníomhairí Shasana agus ar ór rialtas Shasana. Ní fhéadfadh rialtas na Fraince aon bhealach níos fearr agus níos sásúla a shamhlú le díoltas a bhaint amach ar na Sasanaigh ná trí chogadh neamhrialta a spreagadh agus a ghríosú chun braoin in Éirinn. D'fhéadfadh Éire a bheith ina Vendée do Shasana.

Idir na blianta 1793 agus 1794, thaisteal gníomhairí éagsúla rialtas na Fraince go hÉirinn chun fáil amach cad a bheadh i ndán do shaighdiúirí na Fraince dá dtiocfaidís i dtír in Éirinn. An gcuirfí fáilte rompu? Cén dearcadh a bhí ag gnáthmhuintir na hÉireann ar imeachtaí sa Fhrainc? Cad iad na grúpaí in Éirinn a bheadh sásta dul i bpáirt leis na Francaigh dá gcuirfidís a ladar isteach i gcúrsaí na hÉireann? Chun freagraí a fháil ar cheisteanna den sórt seo, tháinig Colonel Oswald go hÉirinn ag tús 1793. Ní raibh sé ródhóchasach leis an mhéid a chonaic sé agus scríobh sé tuarascáil á rá sin. Níor ghlacadh leis an tuarascáil seo, áfach, agus seoladh gníomhaire eile, an tOirmhinneach William Jackson, i mí Aibreáin 1794 chun teagmháil a dhéanamh leis na hÉireannaigh Aontaithe. Bhuail Jackson le Archibald Hamilton Rowan agus chuir Rowan Jackson in aithne do Theobald Wolfe Tone. Scríobh Tone roinnt meamram inar chuir sé síos ar chás na hÉireann agus ar na grúpaí a bhí ann agus an dearcadh a bhí acu i dtaobh Réabhlóid na Fraince. I ngan fhios do Wolfe Tone, bhí Jackson faoi ghéarscrúdú ag na húdaráis abhus, agus gabhadh é gan mhoill. Tógadh Jackson os comhair na cúirte agus fuarthas ciontach é. D'éalaigh sé ón chroch, áfach, mar gur chuir sé lámh ina bhás féin. Idir an dá linn, theich Rowan ón tír agus bhí ar Tone imeacht chomh maith. D'imigh Tone go dtí na Stáit Aontaithe i mí an Mheithimh, 1795, ach sular fhág sé Éire, thug sé gealltanas do cheannairí na nÉireannach Aontaithe—leithéidí Thomas Addis Emmet agus Samuel Neilson—nach bhfanfadh sé sna Stáit ach go rachadh sé chomh luath agus ab fhéidir leis go dtí an Fhrainc chun misean Jackson a chomhlíonadh. Faoi mar a tharla, tháinig Tone go dtí an Fhrainc ag tús na bliana 1796.

Gan amhras, nuair a bhain Tone Páras amach, thuig sé go gasta go raibh spéis ag na Francaigh in Éirinn agus go raibh siad ag súil le buille a thabhairt do Shasana tríd an tír seo. Fuair sé amach, fosta, go raibh siad ag súil le fórsa beag a chur i dtír in Éirinn, agus go raibh siad idir dhá chomhairle faoin áit ab fhearr dó. Ba é an gaisce ba mhó a rinne Wolfe Tone, áiteamh ar na Francaigh gur chóir dóibh fórsa mór agus cabhlach ionraidh a sheoladh go hÉirinn. I rith na bliana 1796, chomhoibrigh Tone leis an Ghinearál Lazare Hoche agus leis an Aire Cogaidh, Lazare Carnot, chun an gnó a chur ar aghaidh, ach bhí údair éagsúla moille ann agus ní raibh an cabhlach in ann seoladh go dtí lár mhí na Nollag. Bhí thart ar chaoga long cogaidh san fhórsa seo agus isteach is amach le cúig mhíle déag saighdiúir, móide caoga míle muscaed, ar bord na loinge. Ina dteannta sin, bhí grúpa ceoltóirí Francacha ar bord: bhí siad ann chun amhráin Réabhlóid na Fraince— ar nós 'La Marseillaise' agus 'Ça Ira'—a mhúineadh do na hÉireannaigh.

Mar is eol do chách, cé gur bhain an cabhlach ionraidh seo Bá Bheanntraí amach, de bharr stoirmeacha agus 'farraigí chomh hard le sléibhte', níorbh fhéidir leis na saighdiúirí dul i dtír in Éirinn. Tar éis coicíse i mBá Bheanntraí, ní raibh aon dul as ag fórsa Hoche ach pilleadh chun na Fraince. Teip mhór a bhí anseo, ach caithfear cuimhneamh air go raibh dhá theip eile ann. Cinnte, theip ar na Francaigh dul i dtír, ach bhí teipthe freisin ar an Chabhlach Ríoga iad a ghabháil; agus ar ndóigh, bhí teipthe ar sheirbhís rúnda Shasana rabhadh a thabairt do na húdaráis go raibh cabhlach ionraidh á eagrú i gcalafort Brest. Mar sin, bhí ceachtanna le foghlaim ar gach taobh de thoradh na dteipeanna seo.

Thaispeáin eachtra 'The French in the Bay' a chontúirtí agus a bhí na hÉireannaigh Aontaithe mar chomhcheilg. Níorbh é amháin go raibh siad ag iarraidh a gcomhcheilg a scaipeadh ó cheann ceann na tíre seo, ach ba léir anois nár chur i gcéill iad na ráflaí a bhí san aer faoin cheangal idir na hÉireannaigh Aontaithe agus rialtas na Fraince. Ba léir anois go raibh na Francaigh dáiríre faoi ionsaí a dhéanamh ar Éirinn. Theip orthu an babhta seo ach bhí gach seans ann go dtiocfaidís ar ais. Dá bhrí sin, d'ullmhaigh an Caisleán in aghaidh na bagartha. Ritheadh dlíthe ar nós an Arms Act, an Gunpowder Act agus an Insurrection Act a agus thug na dlíthe seo cumhachtaí nua don Chaisleán. Méadaíodh ar na fórsaí míleata a bhí ar fáil don rialtas agus tugadh ordú dóibh luí go láidir ar na hÉireannaigh Aontaithe. Liostáileadh ag an Chaisleán spiadóirí agus brathadóirí agus gabhadh na céadta ina bpríosúnaigh. De réir a chéile, i rith na míosa tar éis ghéarchéim Bhá Bheanntraí, scriosadh go tubaisteach eagraíocht na nÉireannach Aontaithe. Dá bpillfeadh na Francaigh ar Éirinn, ní bheadh na hÉireannaigh Aontaithe in ann fáilte a chur rompu arís. Chinn na hÉireannaigh Aontaithe, áfach, dul ar aghaidh leis an Éirí Amach gan fanacht ar chuidiú ó rialtas na Fraince Cuireadh tús leis an Éirí Amach ar 23 Bealtaine 1798 agus mhair sé go ceann sé seachtaine, go háirithe in oirthear na hÉireann. Ba léir i bhfad roimhe sin nach raibh mórán spéise ag na Francaigh in ionradh eile ar Éirinn. Cuireadh le chéile cabhlach eile i gcalafort Texel san Isiltír i lár na bliana 1797, ach níor tháinig mórán as an iarracht, agus rinneadh scrios ar an chabhlach ag Cath Camperdown. Ba bhuille eile do straitéis Wolfe Tone bás an Ghinearáil Hoche i Meán Fómhair na bliana 1797 agus ag an am céanna thit Carnot ó chumhacht i bPáras. Le cailliúint Hoche agus Carnot, ní fhéadfadh duine ar bith a bheith dóchasach go leanfadh rialtas na Fraince lena chuspóir chun ionradh a dhéanamh ar Éirinn. Bhí Napoleon Bonaparte i gceannas ag deireadh 1797, ach cé go ndúirt sé le Wolfe Tone gur mhaith leis cumhacht Shasana a bhriseadh in Éirinn, ní raibh a chroí san obair. Nuair a tharla an tÉirí Amach in Éirinn bhí fórsaí Bonaparte sa Mheánmhuir *en route* go dtí an Éigipt. D'fhág sé sin go raibh sé cinnte ón tús go dteipfeadh ar an Éirí Amach; gan chúnamh ó na Francaigh, ní raibh i ndán dóibh ach briseadh, díbirt agus bás.

I mí Lúnasa, ar deireadh, tháinig fórsa beag saighdiúirí Francacha faoi cheannas an Ghinearáil Humbert i dtír ag Cill Ala, i gcontae Mhaigh Eo, ach bhí siad ródhéanach ag teacht óir, faoin am sin, bhí an tÉirí Amach mór thart. Bhain an fórsa seo bua cáiliúil amach i gcath ar a tugtar 'the Races of Castlebar'. Cé gur bua a bhí ann gan aon amhras, níor tháinig rud ar bith buan as, agus cúpla seachtain ina dhiaidh sin, bhí ar Humbert agus ar a chuid saighdiúirí géilleadh d'Arm an Rí faoi cheannas an Tiarna Cornwallis.

Leis sin, d'fhéadfaí a rá gur tháinig deireadh leis na ceangail a bhí idir Éire agus an Fhrainc. Gan amhras, bhí comhcheilg fós ann idir fuíoll na nÉireannach Aontaithe agus rialtas Bonaparte; ach, tar éis Chath Trafalgar, ní raibh seans ar bith ann go bhfillfeadh na Francaigh ar Éirinn. Sa naoú haois déag, d'oscail bearna mhór idir Éire agus an Fhrainc. Ba pháirtnéirí anois iad an Fhrainc agus Sasana, agus ba i dtreo na Stát Aontaithe a bhí Éireannaigh na linne sin ag breathnú, ag iarraidh údair dhóchais agus mhisnigh. I dtaca leis na sagairt, fuair siad a gcuid oiliúna i Maigh Nuad anois, seachas sa Fhrainc, agus bhí go leor slite beatha ar fáil d'Éireannaigh in Impireacht na Breataine. Bhí na hÉireannaigh ag liostáil go líonmhar anois in Arm na Breataine, seachas in Arm na Fraince, mar a dhéanaidís sa seachtú agus san ochtú haois déag. Ba léir faoin am sin, faoi mar is léir dúinn sa lá atá inniu ann, gurbh iad na 1790í uasphointe an cheangail Fhranca-Éireannaigh; an t-uasphointe, ach an clabhsúr chomh maith.

Leabharliosta

Bartlett, T. (eag.), *The Life of Theobald Wolfe Tone* (B.Á.C., 1998).

Elliott, M., *Partners in Revolution: the United Irishmen and France, 1793-1815* (New Haven, 1982).

Murphy, J.A. (eag.), *'The French are in the Bay': the French expedition to Bantry Bay* (Corcaigh, 1997).

Póirtéir, C. (eag.), *The Great Irish Rebellion of 1798* (Corcaigh agus B.Á.C., 1998).

Niall Ó Cíosáin

Léachtóir le Stair, Ollscoil na hÉireann, Gaillimh. Spéis faoi leith aige i ngnéithe éagsúla den stair shóisialta agus chultúrtha—go háirithe sa litearthacht agus i stair na coitiantachta—in Éirinn agus san Eoraip ón ochtú haois déag i leith. Ar a chuid foilseachán tá *Print and popular culture in Ireland, 1750-1850* (1997).

CUMAINN RÚNDA AGUS SEICTEACHAS

Sna blianta roimh Éirí Amach 1798 bhí níos mó de phobal na hÉireann rannpháirteach sa pholaitíocht ná mar a bhí riamh cheana. Bhí cumainn pholaitiúla á mbunú, bhí mórshiúlta agus léirsithe sna bailte, bhí páipéir nuaíochta, paimfléid agus amhráin faoi chúrsaí an lae á scaipeadh ar fud na tíre. Bhí páirt mhór, ar ndóigh, ag na hÉireannaigh Aontaithe sna himeachtaí seo, ach ní fíor a rá gur chruthaíodar polaitíocht an phobail as an nua ar fad. Bhí cleachtadh ag go leor daoine ar shaghsanna eile agóide roimhe sin agus, faoin tuath ach go háirithe, bhí eagraíochtaí ann a raibh aidhmeanna níos áitiúla agus níos coincréití acu ná mar a bhí ag gluaiseacht náisiúnach na 1790í. I gceantair áirithe, rinne na hÉireannaigh Aontaithe comhcheangal idir iad féin agus na heagraíochtaí eile seo, chun a mballraíocht féin a threisiú. Is cuid thábhachtach de chúlra 1798 na cumainn seo, dá bhrí sin, agus san aiste seo tabharfaimid sracfhéachaint ar roinnt de na cinn ba thábhachtaí ina measc.

Dála thíortha na hEorpa go ginearálta san ochtú céad déag, is ag mionlach an-bheag de phobal na hÉireann a bhí an chumhacht pholaitiúil. Sa Pharlaimint i mBaile Átha Cliath, ba iad na tiarnaí móra a ghlac suíocháin i dTeach na dTiarnaí, mar aon le heaspaig na hEaglaise Bunaithe; i dTeach na dTeachtaí, bhí greim ag na tiarnaí céanna ar shuíocháin áirithe ina gceantair féin, agus ba iad a n-ionadaithe siúd de ghnáth a ghnóthaíodh na suíocháin úd sna toghcháin. Bhí níos mó den phobal, áfach, in ann vóta a chaitheamh i dtoghcháin pharlaiminte. Bhí dhá theachta ó chuile chontae, mar shampla, agus d'fhéadadh vóta a bheith ag suas le cúig nó sé mhíle duine i gcontaetha áirithe. Ní raibh i suíocháin na gcontaetha ach mionlach den iomlán sa Pharlaimint, áfach, agus sna toghcháin le teachtaí a roghnú ar son na mbailte nó ar son na mbuirgéisí, ba mhinic nach mbíodh ach scór nó dhá scór i dteideal vóta a chaitheamh.

Cúrsaí aicme agus sealúchais ba mhó a bhí i gceist anseo, ach bhí cúrsaí creidimh tábhachtach freisin. Bhí cosc iomlán ar Chaitlicigh suíochán a ghlacadh, agus roimh 1793 ní raibh fiú cead vótála acu. Maidir le Preispitéirigh, níor fhéad siadsan suíochán a ghlacadh roimh 1780, agus ba mhinic nach raibh cead acu vóta a chaitheamh ach an oiread. Ní haon ionadh, dá bhrí sin, go raibh gluaiseachtaí ann ó lár an chéid ar aghaidh ag iarraidh leasuithe sa chóras parlaiminte seo a bhaint amach.

Ceannaithe agus fir ghnó na mbailte, ach go háirithe, a bhí gníomhach sna feachtais seo, daoine go raibh stádas agus cumhacht áirithe eacnamaíoch agus shóisialta acu, ach nach raibh tionchar dá réir acu ar an gcóras parlaiminte. Bolscaireacht ba mhó a bhí i gceist sna feachtais seo, cruinnithe móra oscailte agus poiblíocht i nuachtáin agus i bpaimfléid. Nuair a bunaíodh na hÉireannaigh Aontaithe sa bhliain 1791, ba iad an sampla is déanaí iad den sórt seo eagraíochta.

Sa pholaitíocht, mar a thuigeann muid inniu é, dá bhrí sin, bhí trí dhream i gceist. An dream ba lú, iad siúd a bhí gníomhach sa phairlimint féin. Ansin bhí grúpa i bhfad níos mó, iad siúd a bhí rannpháirteach sa chóras toghchánaíochta, agus an tríú dream, iad siúd a bhí ag iarraidh an córas a athrú ón taobh amuigh. Mar sin féin, ní raibh iontu seo uilig le chéile ach mionlach beag de phobal na tíre ina iomláine, agus, ar bhealach, mionlach pribhléideach. Má bhí sealúchas mar cháilíocht le haghaidh toghcháin, bhí maoin agus oideachas riachtanach le bheith páirteach sna gluaiseachtaí bolscaireachta freisin.

Ní hionann seo agus a rá, áfach, go raibh gníomhaíocht pholaitiúil in easnamh go hiomlán i measc an ghnáthphobail. Le teacht i dtír ar pholaitíocht an phobail, is gá tuiscint níos leithne a bheith againn den rud is 'polaitíocht' ann. Bhí traidisiúin, nósanna agus rialacha ann a stiúraigh na bealaí inar chaith daoine lena chéile agus lena gcomharsana, inar chaith feirmeoirí lena n-oibrithe agus inar chaith oibrithe lena bhfostóirí. Dá dtarlódh sé go mbristí ceann de na rialacha sin, ba mhinic a chuireadh roinnt den phobal le chéile ina choinne, ag tabhairt foláirimh don té a rinne an fhaillí. Mura nglactaí leis an bhfoláireamh, bhí sraith píonós aitheanta ann freisin—dochar a dhéanamh do bheithígh nó do bharraí ar dtús, agus, mura n-oibreodh sé sin, tithe na ndaoine a dhó, agus i ndeireadh na dála, ionsaí a dhéanamh orthu.

De ghnáth, is coimhlintí áitiúla a bhí i gceist, feirmeoir a dhiúltaíodh go leor oibrithe a fhostú, nó duine éigin a ghlacadh seilbh ar fheirm as ar díbríodh duine éigin eile. Ó lár an ochtú céad déag ar aghaidh, áfach, tháinig coimhlintí níos ginearálta chun cinn, coimhlintí a mhúscail aighneas ar fud contaetha iomlána agus ar feadh tréimhsí fada, isteach is amach le cúpla bliain i ndiaidh a chéile. Mar thoradh air seo, tháinig grúpaí i bhfad níos mó agus níos eagraithe chun cinn, grúpaí a d'úsáid foréigean agus líonmhaireacht mhór na mball iontu le cur i gcoinne athruithe sa chóras eacnamaíoch agus sóisialta a shíl siad a bheith éagórach. Ba iad seo na cumainn tuaithe, nó na rúnchumainn, a bhí chomh mór chun tosaigh i stair na tíre anuas go dtí am an Ghorta Mhóir. Ghlacadar ainmneacha chucu féin a rinne tagairt dá n-aidhmeanna nó dá gcuid feisteas, ainmneacha ar nós, 'na Buachaillí Bána,' 'Buachaillí na Maidine' agus 'na Cosantóirí.'

Tháinig na coimhlintí ginearálta seo chun cinn de bharr an bhorrtha a bhí faoi eacnamaíocht na tuaithe sa chuid is mó den tír sa dara leath den ochtú céad déag. I ndeisceart na tíre, bhí an fheirmeoireacht dírithe níos mó agus níos mó i dtreo mhargaí na Breataine Móire, áit a raibh an t-éileamh ar bhia ag méadú go trean, go háirithe i gcathracha nua na Réabhlóide Tionsclaíche. Sa tuaisceart, go háirithe i gcontae Ard Mhacha agus i ndeisceart Aontroma, is é tionscal an línéadaigh a bhí ag fás go tapaidh faoin tuath, agus bhí ceantair ann a bhí ag brath nach mór go hiomlán ar an tionscal seo.

Bhí i bhfad níos mó daoine gafa leis an margadh ná mar a bhí riamh cheana, dá bhrí sin, agus d'fhéadfadh athruithe i bpraghsanna sa Bhreatain maitheas nó dochar a dhéanamh do ghrúpaí móra ag an am céanna. Nuair is dochar a bhí i gceist, ba bheag faoiseamh a bhí ag daoine seachas cur ina choinne le foréigean agus le fórsa, de ghnáth i bhfoirm cumann rúnda nó cumann tuaithe.

Ba iad na Buachaillí Bána an chéad chumann mór den sórt seo, cumann a d'fhág ainm, modh oibre agus feisteas mar uacht ag na cumainn eile a tháinig ina dhiaidh. Bhí na Buachaillí Bána gníomhach i gcúige Mumhan idir tuairim agus 1761 agus 1765; i Luimneach, i dTiobraid Árann, i gCorcaigh agus i bPort Láirge. Ar nós an lae inniu, ba iad ramhrú stoic agus déiríocht na saghsanna feirmeoireachta ba luachmhaire sa cheantar, agus bhí ag éirí go han-mhaith leo ag an am, go rómhaith, b'fhéidir. Bhí sé ina chogadh idir an Bhreatain agus an Fhrainc ó 1756 i leith, cogadh a fearadh ar fud an domhain agus go háirithe ar an bhfarraige, agus bhí carn airgid le déanamh as soláthar feola don chabhlach a cheannaigh a chuid stór go minic i gcalafort Chorcaí. Ag treisiú leis an scéal, tháinig galar ar bheithígh sa Bhreatain, agus scriosadh mórán acu. Bhí an-éileamh go deo, dá bhrí sin, ar fheoil agus ar im, agus, ní nach ionadh, rinne feirmeoirí móra na Mumhan iarracht an oiread talaimh agus a d'fhéadfaí a shaothrú mar thalamh féaraigh.

Chuireadar fál thart timpeall ar thalamh a bhí mar choimín, mar thalamh comónta, roimhe sin, agus bhí leisce orthu talamh a thabhairt amach ar cíos d'fhothionóntaí nó d'fheirmeoirí beaga, mar ba nós roimhe sin. Bhí na feirmeoirí beaga agus na hoibrithe feirme, ísealaicme na tuaithe, d'fhéadfaí a rá, thíos leis seo, agus thosaíodar ag cur ina choinne ar an mbealach ab éifeachtaí a bhí acu, le brú pobail agus le foréigean. Rinneadh bagairt agus ionsaí ar na haoirí a bhí ag tabhairt aire do na beithígh agus briseadh sconsaí timpeall ar pháirceanna féaraigh.

Níor ghéill feirmeoirí beithíoch don bhagairt seo, áfach, agus de réir a chéile leath an agóid amach ar fud na tuaithe. Chuireadar siúd a bhí páirteach san agóid sórt cumann ar bun, agus thugadar móid dílseachta dá chéile, ag rá go ndéanfaidís gníomhaíocht mar aonad agus nach dtabharfadh siad fianaise i gcoinne a chéile sa chúirt. Uaireanta bhíodh déithe nó spioraid áitiúla luaite sa mhóid—Siobhán Meiscil agus Sadhbh Ualtach, an dá ainm is minicí a luaitear. Tar éis tamaill, dá bhrí sin, bhí grúpaí ollmhóra, b'fhéidir cúig nó sé chéad duine ag aon am amháin, ag cruinniú le chéile istoíche agus ag bagairt ar nó ag déanamh dochair d'fheirmeoirí beithíoch nó dá gcuid beithíoch. Uaireanta fiú amháin dhéantaí páirc féir nó móinéar a thochailt go hiomlán chun nach bhféadfaí é a úsáid mar fhéarach. Chaithidís léinte bána agus an obair seo ar siúl acu, agus is as seo a tháinig an t-ainm 'na Buachaillí Bána'.

Bhí an chosúlacht ar an scéal go raibh an tír ag dul ó smacht ar fad, agus bhí an-scanradh go deo ar fheirmeoirí móra agus ar thiarnaí talún na Mumhan, go háirithe ós rud é go raibh cogadh ar siúl agus go raibh an baol i gcónaí ann go ndéanfadh na Francaigh ionsaí ar Éirinn. Ní raibh fórsa póilíní ann ag an am, agus glaodh ar an arm chun na Buachaillí Bána a chur faoi chois. Ach cé gur gabhadh agus gur cúisíodh na céadta, níor ciontaíodh ach fíorbheagán díobh, toisc chomh deacair agus a bhí sé finnéithe a fháil. Shíl mórán díobh go raibh an mhóid a thugadar mar Bhuachaillí Bána níos cumhachtaí ná móid na cúirte; rinne an cumann bagairt éifeachtach ar fhinné ar bith nach raibh san eagraíocht. I ndeireadh na dála, ba é a chuir deireadh le ré na mBuachaillí Bána, gur athraigh cúinsí eacnamaíochta i dtreo lár na 1760í, seachas gur éirigh leis na hiarrachtaí a rinneadh iad a chur faoi chois.

Cé go samhlaítear, de ghnáth, anró agus cruatan le foréigean tuaithe, tá sé soiléir gur dul chun cinn agus forbairt eacnamaíoch ba chúis leis na Buachaillí Bána. Ba í an fhadhb a bhí ann, nár roinneadh na buntáistí a d'eascair as an dul chun cinn sin go cothrom, agus gur éirigh níos fearr le dreamanna áirithe seachas dreamanna eile. Bhí go leor bealaí eile ann ina bhféadfadh tréimhsí rathúnais coimhlint a chothú. Má bhí na praghsanna a bhí le fáil ar tháirgíocht talmhaíochta ag méadú ar feadh tamaill fhada, mar a tharla sa tréimhse atá faoi chaibidil againn, bhí sé soiléir go n-ardódh tiarnaí talún na cíosanna ar a gcuid tailte. Ní rómhinic a bhí an deis acu, afach, toisc gurbh é an nós a bhí ann léasanna fada a thabhairt dá gcuid tionóntaí. Bhí léasanna cúpla scór bliain coitianta go leor. Bheadh roinnt bheag léasanna ag teacht chun deiridh i gcónaí, áfach, agus dhéantaí cíos nua a shocrú ina gcás siúd. D'fhéadfadh an tionónta cur i gcoinne na dtéarmaí nua, ach ní fhéadfadh sé bheith cinnte go bhfaigheadh sé tacaíocht óna chomharsana.

Bhí eastáit áirithe ann, áfach, inar chríochnaigh gach uile léas ag an am céanna. Sa chás seo bheadh na tionóntaí uilig ag feitheamh le hardú cíosa le chéile, agus ní bheadh aon ionadh ann dá gcuiridís le chéile i gcoinne a leithéid. Is mar seo a tharla ar dhá eastát bheaga i ndeisceart chontae Aontroma cúig nó sé de bhlianta tar éis deireadh a theacht le feachtas na mBuachaillí Bána. Ar eastát an Tiarna Donegall agus ar eastát Upton, rinneadh iarracht tar éis 1770 an córas léasanna uilig a athrú. Bhí na léasanna nua le bheith níos giorra, bhí gach uile fheirm le dul ar ceannt agus ní bheadh aon phribhléid speisialta feasta ag an té a bhí ar an bhfeirm cheana féin. Bhris na coinníollacha nua seo sean-nósanna na talún sa cheantar, agus chuir na feirmeoirí go fíochmhar ina gcoinne. D'eagraíodar mar ghrúpa, agus thugadar na Croíthe Cruacha, nó 'Hearts of Steel', orthu féin. Bhí an cur chuige a bhí acu mórán mar an gcéanna leis na Buachaillí Bána: rinneadar bagairt ar dhuine ar bith a tháinig isteach ón taobh amuigh ag iarraidh feirm a thógáil, chomh maith le hionsaí a dhéanamh ar sheantionónta ar bith a ghlac leis na téarmaí úra. Duine ar bith nár thug aird ar an mbagairt, dhófaí a chuid barraí, nó b'fhéidir a theach, agus dhéanfaí a chuid beithíoch a ghortú.

Arís, dála na mBuachaillí Bána, rinneadh iarracht an dlí a chur ar na Croíthe Cruacha; ach bhí sé deacair nuair a bhí formhór an phobail ar a son. Ag staid amháin, chruinnigh grúpa ollmhór le chéile i mBéal Feirste agus scaoileadar saor duine de na ceannairí a bhí sa phríosún ann. D'éirigh leis na húdaráis cúpla duine a chiontú agus a chrochadh, ach is cosúil gur cúrsaí eacnamaíochta, arís sa chás seo, a chuir críoch leis an agóid i ndeireadh báire.

I gcás na mBuachaillí Bána agus na gCroíthe Cruacha araon, is éard a bhí i gceist, socruithe a dhéanamh faoi úsáid na talún agus faoi íocaíocht lena haghaidh. Bhí na cúrsaí seo á bplé idir grúpaí a raibh cumhacht agus údarás acu agus grúpaí nach raibh, agus bhí na grúpaí gan chumhacht oifigiúil ag úsáid na bagartha agus an fhoréigin mar uirlisí sa díospóireacht. Níorbh iad an chosmhuintir amháin a thuig agus a d'úsáid na modhanna oibre seo, áfach; i gcásanna áirithe bhíodar ar fáil don phobal ina iomláine, idir uasal agus íseal. B'in mar a bhí, mar shampla, sa chás go mbíodh raic ann faoi na deachúna, is é sin, an cháin a ghearr cléir na hEaglaise Bunaithe ar an bpobal i gcoitinne.

Tháinig agóid mhór faoi dheachúna chun cinn idir 1785 agus 1787, agóid a thosaigh i gcontae Chorcaí agus a leath as sin ar fud chúige Mumhan. Bhí deachúna le híoc ag mórán gach uile dhuine faoin tuath, idir fheirmeoirí móra agus fheirmeoirí beaga, idir Chaitlicigh agus Phrotastúnaigh, agus chuir mórán acu le chéile i gcumann ar thugadar Buachaillí an Chirt, nó na Rightboys, air. Níor chuir an cumann seo i gcoinne deachúna iontu féin, ach i gcoinne iomarca a bheith á ghearradh ar an bpobal. Ba é an modh oibre ba choitianta a bhí acu, liosta a chur in airde go poiblí de na suimeanna airgid a shíleadar a bheith cóir agus ceart le híoc. Toisc go raibh na haicmí éagsúla aontaithe san eagraíocht seo, ba mhó fós an brú a d'fhéadfadh siad a chur, agus dá réir sin, ba lú an gá a bhíodh acu bagairt nó ionsaí pearsanta a dhéanamh.

Shílfeadh duine, b'fhéidir, gur coimhlint idir eaglaisí a bhí i gceist anseo, toisc gur Chaitlicigh iad formhór mór an phobail i gcúige Mumhan agus cáin á híoc acu le hEaglais nár bhaineadar léi. Ní mar sin a bhí, áfach, ar dhá bhealach. Sa chéad áit, bhí feirmeoirí

Protastúnacha chomh míshásta céanna lena gcomharsana Caitliceacha le deachúna iomarcacha, agus ghlacadar páirt, freisin, san agóid. Sa dara háit, bhí an agóid dírithe ar an gcléir Chaitliceach chomh maith leis an ministir Protastúnach, agus fógraíodh táillí baiste agus táillí pósta ceart agus cóir ar an dóigh chéanna inar fógraíodh leibhéal 'ceart' na ndeachúna. Ba iad na táillí seo príomhtheacht isteach na cléire Caitlicí, agus bhí na táillí úd á n-ardú acu ag an am seo, freisin.

Mar sin féin, d'éirigh an agóid pas beag seicteach tar éis bliana nó mar sin, mar gheall ar na bealaí éagsúla inar dhéileáil na hEaglaisí leis. Ar thaobh amháin den scéal, d'fhógair sionód Caitliceach i 1786 go laghdófaí na táillí Caitliceacha agus go bpléifí iad le tuataigh na hEaglaise. Ar an taobh eile den scéal, mheas eilimintí áirithe san Eaglais Bhunaithe go raibh ionsaí bunúsach á dhéanamh ar stádas na hEaglaise sin, agus gur chomhcheilg Chaitliceach a bhí i mBuachaillí an Chirt. Chuir sé seo tús le díospóireacht fhíochmhar idir urlabhraithe na nEaglaisí éagsúla, iad araon ag foilsiú paimfléad go tiubh ag plé an ghaoil ba chóir a bheith ann idir na hEaglaisí agus an Stát.

Taca an ama chéanna le hagóid na ndeachúna i gcúige Mumhan, tháinig agóid de shórt eile chun cinn sa tuaisceart, i gcontae Ard Mhacha, agóid a bhí seicteach amach is amach. Mhair sé ar feadh deich mbliana nó níos mó, agus cé gur úsáideadh go leor de na modhanna oibre céanna leis na cumainn a tháinig rompu, bhí an comhthéacs eacnamaíoch agus sóisialta éagsúil go maith sa chás seo. Ar an gcéad dul síos, bhí lucht na nEaglaisí éagsúla níos meascaithe lena chéile sa cheantar. Tháinig na Buachaillí Bána agus Buachaillí an Chirt chun cinn i gceantair ina raibh tromlach mór Caitliceach; agus, is i gceantar Protastúnach a bunaíodh na Croíthe Cruacha. In Ard Mhacha, bhí leagan amach i bhfad níos casta ann. I dtuaisceart an chontae, bhí tromlach ag an Eaglais Bhunaithe, is é sin, ag Anglacánaigh. I lár an chontae, Preispitéirigh is mó a bhí i gceist, agus sna cnoic sa deisceart, Caitlicigh ba mhó a bhí ann. Ní raibh deighilt ghlan eatarthu, áfach, agus bhí baill de gach uile Eaglais le fáil ar fud an chontae. Bhain an dara héagsúlacht le cúrsaí eacnamaíochta. Murab ionann agus cúige Mumhan, níorbh í an fheirmeoireacht is mó a bhí ar siúl in Ard Mhacha, ach obair thionsclaíoch. Ba é seo croílár cheantar táirgíochta an línéadaigh in Éirinn, tionscal a bhí ag fás go sciobtha i ndeireadh an ochtú céad déag, agus go deimhin a bhí chomh luachmhar leis an talmhaíocht in eacnamaíocht na tíre ina hiomláine. Ní obair mhonarchan a bhí i gceist anseo, ach obair bhaile. Bhí sníodóireacht agus fíodóireacht ar siúl i mórán gach uile theach, go háirithe i dtuaisceart an chontae, agus ba mhinic a d'fhás daoine a gcuid lín féin chomh maith. Leis an airgead a thuilleadar ó dhíol an éadaigh, bhí níos lú talaimh ag teastáil ó chlann a bhí ag brath ar línéadach. Le fás an tionscail, dá bhrí sin, tosaíodh ar fheirmeacha a roinnt amach ar go leor sealúchas beag. Mar thoradh air seo, d'éirigh sé níos éasca talamh a fháil ar feadh tamaill mhaith, agus bhí níos lú brú ar thalamh ná mar ba ghnách i gceantair tuaithe.

Chuir sé seo isteach ar chúrsaí polaitiúla ar dhá bhealach. Sa chéad áit, chruthaigh sé seo cineál imirce áitiúil. Thosaigh Protastúnaigh ag cur fúthu i gceantair a bhí Caitliceach go dtí sin, agus thosaigh Caitlicigh ag dul go dtí ceantair Phrotastúnacha. Chuir sé seo an leagan amach seicteach as a riocht, agus mhéadaigh sé an teannas idir na pobail éagsúla. Sa dara háit, lagaigh sé an córas dlí agus cirt. Mar a chonaiceamar i gcás na mBuachaillí Bána, ní raibh póilíní ar bith faoin tuath ag an am. Ghníomhaigh tiarnaí talún, ach go háirithe, mar ghiúistisí, agus iad ag brath go mór ar an gcumhacht eacnamaíoch agus an stádas sóisialta a bhí acu lena dtoil a chur i bhfeidhm. Gné thábhachtach den chumhacht seo tromlach an phobail a bheith ina dtionóntaí acu; d'fhéadfaidís léas nua a dhiúltú do dhuine a bhris dlí nó a chuir olc orthu. Nuair a bhí go leor talaimh ar fáil, mar a bhí in Ard Mhacha ag an am, bhí an chumhacht seo lagaithe go mór.

Bhí ábhar teannais ag teacht chun cinn, dá bhrí sin, agus structúir thraidisiúnta an dlí ag éirí níos laige. Thit splanc ón bpolaitíocht náisiúnta ar an bpúdar áitiúil seo sna 1780í. Cúrsaí airm ba bhunús leis. Sa bhliain 1778, de bharr an ghá a bhí ag an mBreatain le saighdiúirí sa chogadh i Meiriceá Thuaidh, tosaíodh ar roinnt de na péindlíthe a bhain le seilbh talún a chur ar ceal. Ansin, cúig bliana níos déanaí, thosaigh na hÓglaigh, ceann de na gluaiseachtaí a bhí ag lorg na leasuithe parlaiminte úd a luamar ag tús na haiste seo, ag glacadh le Caitlicigh mar bhaill. Ba é an toradh a bhí air seo go raibh Caitlicigh agus éide mhíleata orthu ag máirseáil go poiblí agus gunnaí acu.

Chuir sé seo alltacht thar na bearta ar an ísealaicme Phrotastúnach in

Ard Mhacha. Bhí an baol ann anois go gcaillfidís ceann de na buntáistí ba mhó a bhí acu ina gcuid iomaíochta leis na Caitlicigh. Thosaigh grúpaí Protastúnacha ag déanamh ionsaithe ar thithe na gCaitliceach lena gcuid gunnaí a bhaint díobh agus le scanradh a chur orthu. Go moch ar maidin nuair a bhí muintir an tí ina gcodladh a dhéanadh siad é seo, agus dá bharr sin, tugadh 'Buachaillí Bhreacadh an Lae', nó na 'Peep-o'-Day Boys', orthu. Níorbh fhada gur chuir na Caitlicigh le chéile ina choinne seo in eagraíocht ar ar tugadh 'na Cosantóirí'. Coimhlint scaipthe áitiúil a bhí ann ag an tús, ach i dtreo dheireadh na 1780í tháinig deireadh leis na hionsaithe oíche agus thosaigh an dá chumann ag troid lena chéile go hoscailte i rith an lae. Bhí sraith cathanna ann idir ghrúpaí móra a raibh gunnaí acu, agus is beag a bhí fórsaí an dlí in ann a dhéanamh faoi. Ba mhinic gur thosaigh na cathanna seo tar éis mórshiúil nó léirsithe a bhí eagraithe ag dream amháin nó ag an dream eile.

I gcomparáid leis na Buachaillí Bána agus na cumainn eile, dá bhrí sin, bhí foréigean níos oscailte agus níos géire ar bun in Ard Mhacha, agus d'imigh cúrsaí ó smacht níos mó fós i 1793. Sa bhliain sin thosaigh cogadh as an nua idir an Bhreatain agus an Fhrainc. Bhí géarghá ag rialtas na Breataine le saighdiúirí, agus dá bhrí sin chuireadar ar ceal an dlí a chuir cosc ar Chaitlicigh gunnaí a bheith acu, agus tosaíodh ar Chaitlicigh a earcú isteach san arm. Bhí raic faoi seo ar fud na tíre; ach in Ard Mhacha ba bheag nach raibh sé ina chogadh cathartha. Bhí sraith eile cathanna ann, ag críochnú leis an gceann ba cháiliúla, Cath an Diamaint, a tharla gar do Loch gCál i dtuaisceart an chontae. Bhí na mílte páirteach san eachtra seo, agus i ndeireadh na dála buaileadh na Cosantóirí agus maraíodh fiche nó tríocha duine ar fad. Ina dhiaidh sin, rinneadh ionsaí fíochmhar ar Chaitlicigh ar fud Ard Mhacha, agus theith na mílte acu go háiteanna eile ar fud na tíre. Scaip siad scéalta faoi chúrsaí sa tuaisceart agus chuir na scéalta seo go mór le pé teannas seicteach a bhí i gceantair eile den tír. I gcontae Ard Mhacha, chuir Buachaillí Bhreacadh an Lae agus cumainn Phrotastúnacha eile le chéile i ngrúpa nua, ar ar tugadh an tOrd Oráisteach, agus a scaip go sciobtha sna contaetha máguaird. Bhí nuaíocht ag baint leis an Ord, sa mhéid is go raibh an uasalaicme Phrotastúnach páirteach go láidir ann; is é sin le rá, gur ghlacadar páirt na hísealaicme Protastúnaí.

Tá sé soiléir, dá bhrí sin, nach pobal ciúin síochánta a bhí á ghríosú ag réabhlóidithe agus frithréabhlóidithe na 1790í. Bunaíodh gluaiseachtaí polaitiúla ar nós na hÉireannach Aontaithe sna cathracha agus sna bailte, ach nuair a thosaíodar ag déanamh poiblíochta faoin tuath, bhíodar ag plé le heagraíochtaí a bhí bunaithe le tamall, agus le cur chuige a bhí beagnach traidisiúnta i gceantair áirithe. I ndeisceart chúige Uladh, ach go háirithe, is féidir a rá go raibh dhá arm phríomháideacha i ngleic lena chéile. D'imigh na hÉireannaigh Aontaithe i bpáirt le ceann acu, na Cosantóirí, agus d'imigh an rialtas i bpáirt leis an gceann eile, an tOrd Oráisteach. De réir mar a scaip an ghníomhaíocht réabhlóideach agus fhrithréabhlóideach amach faoin tuath, dá bhrí sin, ba mhinic a tháinig cuma sheicteach ar an iomaíocht eatarthu, agus ba mhinic gur seanaighnis agus seanchoimhlintí a bhí i gceist.

Ní hamháin go raibh na coimhlintí seo níos sine ná poblachtánachas na nÉireannach Aontaithe, ach mhaireadar ar aghaidh i ndiaidh theip an Éirí Amach. Síos go dtí aimsir an Ghorta Mhóir, agus i gcásanna áirithe níos faide fós, bhí na cumainn talún agus na cumainn rúnda beo bríomhar ar fud na hÉireann.

Nóta faoi thagairtí

Tá dhá bhailiúchán aistí a bhaineann le rúnchumainn in Éirinn go ginearálta. Is iad seo: T.D. Williams (eag.), *Secret Societies in Ireland* (B.Á.C., 1973), ina bhfuil aistí le Maureen Wall faoi na Buachaillí Bána agus le Hereward Senior faoin Ord Oráisteach, agus J.S. Donnelly agus S. Clark (eag.), *Irish Peasants: Violence and Political Unrest* (B.Á.C., 1983), ina bhfuil mionscrúdú déanta ag David Miller ar chúrsaí i gcontae Ard Mhacha sna 1780í. Tá an ceangal idir na rúnchumainn tuaithe agus cúlra polaitiúil Éirí Amach 1798 pléite ag Jim Smyth ina leabhar, *The Men of No Property: Irish radicals and popular politics in the late eighteenth century* (Londain, 1992), agus ag Marianne Elliott: 'The Defenders in Ulster', sa bhailiúchán aistí, *The United Irishmen: Republicanism, radicalism and rebellion*, arna chur in eagar ag D. Dickson, D. Keogh agus K. Whelan (B.Á.C., 1993).

Dáire Keogh

Léachtóir le Stair i gColáiste Phádraig, Droim Conrach, Ollscoil Chathair Bhaile Átha Cliath. Tá saothair foilsithe aige ar chúrsaí reiligiúin agus inscne i nóchaidí an ochtú haois déag. Tá sé ag obair faoi láthair ar stair shóisialta na mBráithre Críostaí.

Chris Road

'BITHIÚNAIGH UILIG IAD':
SAGAIRT AGUS EASPAIG I 1798.

Níl íomhá ar bith ón mbliain 1798 níos marthanaí ná an tAthair Ó Murchú ag ceann an 'mighty wave'. Léiríonn íomhánna mar seo go soiléir dúinn an tuairim a bhí ag an bpobal go raibh ról lárnach ag sagairt san Éirí Amach. Tugann siad le fios gur chreid daoine gur bhain sé go príomha le Loch Garman, ach ceileann siad an tábhacht cheart a bhain le héirí amach a raibh an pholaitíocht ina spreagadh dó agus ina dlúthchuid de. Is é an fáth go bhfuil tuairimí mar seo fós ar marthain ná gur éirigh thar cionn leis an mbolscaireacht iar-réabhlóide. Ba í aidhm na bolscaireachta sin an bhrí pholaitiúil a bhaint as imeachtaí na bliana sin trí iad a chur i láthair ar bhealach a bhí ag luí le meon na dtráchtairí claonta éagsúla.

Mar shampla, rinne Sir Richard Musgrave, staraí dílseach cáiliúil an Éirí Amach, iarracht 1798 a cheangal le himeachtaí 1641 agus 1690, agus 'tríonóid mhór uafáis' a dhéanamh díobh. Toisc ról na sagart sna himeachtaí seo uilig, bhí Musgrave in ann an tÉirí Amach a chur i láthair mar chomhcheilg phápanta. Cheap sé gur eascair an tÉirí Amach as 'dubhfhuath' na ndaoine don Stát Protastúnach agus don Bhreatain, agus gurbh iad na sagairt ba chúis leis seo.

Tá dhá chuntas eile ar imeachtaí an Éirí Amach ó Thomas Cloney agus Edward Hay ina ndéanann siadsan iarracht iad féin a scaradh amach ó chomhcheilg pholaitiúil Éirí Amach Loch Garman. Is ag iarraidh an tÉirí Amach a scaradh ón bpolaitíocht agus an bhéim a bhaint de ghníomhaíocht na nÉireannach Aontaithe atá siad. Cuireann siad iad féin i láthair mar reibiliúnaigh dhrogallacha. Mar sin, tugann ról na sagart i bhfeachtas Loch Garman ceap milleáin do Edward Hay, a cheileann spreagadh polaitiúil an Éirí Amach. Cheap an Dochtúir Caulfield, Easpag Fhearna, gurbh é ba chúis scríofa ag Hay ina leabhar, é féin a chur chun cinn mar dhílseoir agus an chléir a dhíol mar cheannaircigh. Ar ndóigh, bhí na heaspaig féin ag iarraidh iad féin a choinneáil amach ó imeachtaí na réabhlóide. Rinne Caulfield iarracht clú na hEaglaise a shábháil agus an oiread sin feirge a bhí air le líon na sagart 'a bhí páirteach go toilteanach sa réabhlóid damanta'. Chuir an tArdeaspag Troy síos ar na sagairt seo mar dhaoine a bhí dífhostaithe, ar fionraí, agus claonta chun ólacháin. Chuaigh sé chomh fada lena rá 'gurbh iad dríodar na hEaglaise iad'.

Nuair a d'fhoilsigh Miles Byrne a chuid *Memoirs* sa bhliain 1863 i bPáras, bhí ról na cléire i mbéal an phobail arís. Chuir Byrne béim ar leith ar na sagairt mhisniúla seo a throid go díograiseach ar son chearta an phobail a bhí faoina gcúram. Cháin sé na staraithe Caitliceacha a bhí ag iarraidh clú na sagart seo a mhilleadh i gcuntais eile ar an tréimhse úd. B'ábhar náire ag an Eaglais é foilsiú *Memoirs* Byrne, go háirithe agus í ag déileáil le dúshlán na bhFíníní ag an am. Nuair a theip ar Éirí Amach 1867, rinne an tAthair Patrick Kavanagh, an staraí Proinsiasach ó Loch Garman, iarracht imeachtaí na sagart a cheangal le cáineadh na hEaglaise ar na cumainn rúnda. Ba é an toradh a bhí air seo gur léirigh Kavanagh 'sagairt 1798' mar reibiliúnaigh dhrogallacha a bhí ag iarraidh an pobal a spreagadh in aghaidh na tíorántachta agus an leatroim. Is é Kavanagh féin atá freagrach, beagnach go hiomlán, as cáil an Athar Uí Mhurchú, sagart cúnta Bhuaile Mhaodhóg. Nuair a scríobh Patrick Mc Call an t-amhrán corraitheach, 'Boolavogue', sna 1890í, daingníodh an tuairim ghinearálta go raibh ról tábhachtach ag an gcléir san Éirí Amach.

ii

Ach ní léiríonn an cuntas simplí sin fíor-ról na sagart i bpolaitíocht na 1790í, áfach. Tugann an spléachadh is tapúla ar na foinsí léiriú dúinn ar chastacht an ábhair. Glaodh ar sheachtó (70)—nó beagnach 4% den 1,800 sagart a bhí sa tír ag an am—chun míniú a thabhairt ar a n-iompar le linn Éirí Amach 1798. Bhí ról lárnach ag cuid acu seo ann, bhí ceangal scaoilte ag cuid eile acu, agus cuireadh i leith sagart eile, ar bheagán fianaise, go raibh baint acu leis an Éirí Amach. San am céanna, mar atá tugtha faoi deara ag Louis Cullen, ba í páirtíocht na cléire ó na trí phríomh-Eaglais ceann de na rudaí ba shuimiúla faoi eachtra 1798. Níor chóir go gcuirfeadh sé seo aon iontas ar dhaoine, áfach, nuair a smaoinítear ar an ról a bhí ag an gcléir i sochaí an ochtú haois déag.

Tá neart cáipéisí ann a léiríonn páirtíocht Phreispitéireach i bpolaitíocht na 1790í. Tá tagairtí líonmhara ann do chléirigh Phreispitéireacha ar nós William Steel Dickson, Thomas Birch agus Samuel Barber. Measann Curtin go raibh ceangal ag beagnach aon trian den chléir Phreispitéireach le Cumann na nÉireannach Aontaithe ag tráth éigin ina stair; ina measc, ceithre dhuine is fiche idir mhinistrí, ábhair ministir agus nuasacháin, ar cuireadh ina leith go raibh baint acu leis an réabhlóid. Chabhraigh an fhianaise seo leis an staraí Richard Madden nuair a bhí sé ag iarraidh tábhacht pholaitiúil 1798 a athléiriú. Cé go dtugann an taighde is déanaí le fios dúinn go raibh 7% den chléir Phreispitéireach páirteach san Éirí Amach, leag Madden béim ar a chothroime agus a bhí páirtíocht na bPreispitéireach agus na gCaitliceach sa scéal, agus é ag iarraidh deireadh a chur le tuiscintí seicteacha ar imeachtaí 1798.

Tá níos mó fadhbanna le sonrú i gcás ról na cléire Anglacánaí. Tá iarracht déanta ag Patrick Comerford cléir dheoise Fhearna a mheas, ach tá anailís leathan ar an Eaglais Anglacánach fós le scríobh. Chuir coincheap na ceannasaíochta Protastúnaí bac ar an obair seo, toisc go dtugann sé le fios gur sheas Anglacánaigh na hÉireann go dlúth leis an ord bunaithe. A mhalairt de scéal a bhí ann, áfach. Bhí tuairimí láidre i measc na nAnglacánach faoin bpolaitíocht agus ba as a measc a tháinig cuid de na ceannairí ba thábhachtaí sna hÉireannaigh Aontaithe. Bhí easpa aontachta i measc na cléire freisin agus cé go raibh daoine crua ann, ar nós an Easpaig Charles Agar, léirigh an tEaspag Stock ó Chill Ala tuairimíocht níos liobrálaí ar fad. Bhí scoilt i measc na gnáthchléire, freisin. Bhí go leor acu in aghaidh pholasaithe an rialtais, agus bhí an tUrramach William Jackson ina ghníomhaire do rialtas na Fraince.

Is cosúil nach raibh aon chléireach Anglacánach in arm na reibiliúnach sa bhliain 1798, cé gur cuireadh an tUrramach Henry Fulton chuig an Bhreatain Nua Theas sa bhliain 1799, de bharr iompar treascairteach a bheith curtha ina leith. Bhí páirtíocht na cléire úd níos feiceálaí i measc na giúistíochta, áit ar féidir linn comparáid a dhéanamh idir iompar Charles Cope, a bhí an-tugtha do phic a chur ar chloigeann daoine, agus, ar an láimh eile, an giúistís liobrálach, Francis Turner. Tar éis an Éirí Amach, freisin, bhí contrárthacht mhór idir na cuntais a scríobh an tEaspag Stock, a ghlac le dearcadh Fuigeach, agus an tUrramach George

Taylor ó Bhaile Bháltair, a scríobh, 'nach raibh éinne chomh fuilchíocrach leo siúd d'fhreastal go rialta ar an Aifreann pápanta'. Léiríonn na ráitis dhifriúla seo an éagsúlacht tuairimíochta a bhí i measc na nAnglacánach. Ach in éagmais staidéar doimhin a bheith déanta ar Eaglais na hÉireann in aois na réabhlóide, tá easpa mhór i gcónaí ar an tuiscint atá againn ar an tréimhse seo dár stair.

iii

Tá taighde i bhfad níos sásúla déanta ar ról na cléire Caitlicí ag an am, ach fiú sa chás seo d'fhéadfaí staidéar níos mine a dhéanamh ar ghnéithe áirithe den scéal. Ní ábhar iontais é go raibh an cliarlathas ar aon tuairim faoi 1798. Ó thosaigh an Réabhlóid na Fraince, bhí cath ó bhéal ar siúl ag na heaspaig in éadan 'Galar na Fraince agus an radacachas a théann leis', mar a thug easpag amháin air. Taobh thiar den cháineadh, áfach, is léir go raibh easaontas i measc na n-easpag agus go raibh difríochtaí idir an seasamh a bhí acu go poiblí agus an scéal mar a bhí sé go príobháideach eatarthu.

Tá cáil ar dhílseacht an Ardeaspaig Troy. Cháin Watty Cox, de chuid na hÉireannach Aontaithe, an 'ceangal cráifeach' a bhí aige leis an rialtas, agus d'admhaigh an frith-Chaitliceach, Patrick Duigenan, an dílseacht 'sheasmhach' a bhí ag Troy. Léiríonn mionscrúdú ar scríbhinní Troy, áfach, nach raibh sé chomh righin ina dhearcadh ar an bpolaitíocht is a cheap daoine. Nuair a d'fhoilsigh sé an leabhrán cáiliúil, *Treoracha Tréadacha ar dhualgais na Saoránach Críostaí* (1793), mhúscail sé eagla i measc dílseoirí áirithe, a ghlac leis mar 'thráchtas polaitiúil . . . a bhí in éadan an oird bhunaithe san Eaglais agus sa Stát'. Feictear frustrachas an Ardeaspaig ina chuid litreacha príobháideacha, go háirithe san anailís aige ar thrioblóidí Ard Mhacha, áit a gcuireann sé an locht ar 'faillí mhímhórálta na ngiúistisí agus claonta na huaisleachta'. Go poiblí, áfach, thacaigh Troy go seasmhach leis an gcóras a bhí i réim, agus níor cháin sé éagóir ná polasaithe tíoránta lucht an Chaisleáin.

Ba é Thomas Hussey, Easpag Phort Láirge agus Leasa Móire, an t-aon easpag a fuair locht ar an rialtas go poiblí. Nuair a dhiúltaigh an Saighdiúir Hyland ó na Irish Light Dragoons freastal ar sheirbhísí

Protastúnacha, cuireadh cúirt airm air agus gearradh dhá chéad (200) lascadh den fhuip air, mar phíonós. Cháin an tEaspag Hussey an píonós go géar. Nuair nár éirigh leis aon éisteacht a fháil ó Edmund Burke, ón Iarla Fitzwilliam ná ón Tiarna Camden, d'fhoilsigh Hussey tréadlitir in Aibreán na bliana 1797 a thug aghaidh ar éagóir san arm agus a cháin an t-ord bunaithe, na Péindlíthe, an 'junto' agus Eaglais na hÉireann, go fíochmhar. Go deimhin, thug sé 'seict bheag' ar Eaglais na hÉireann, le teann díspeagtha.

Níorbh fhada go raibh sé ina raic faoi litir an Easpaig. Ghlaoigh sé féin 'mailís mhúisceach' air sin. Tugann freagraí chliarlathas na hÉireann léargas spéisiúil dúinn ar a ndearcadh siúd. Léigh an tEaspag Carroll ó Bhéal Átha an Tuair litir Hussey 'le pléasúr agus le moladh'. Dúirt an tArdeaspag Troy faoi go raibh 'an iomarca fínéagair' ann agus 'gan dóthain ola tríd'. Chreid sé go mbeadh 'teanga níos boige agus níos síochánta chomh héifeachtach céanna, gan a bheith chomh maslach céanna'. Má bhí easaontas i measc na n-easpag, ba mhó a bhain sé le seasamh poiblí stuama a bheith le glacadh acu ná mar a bhain le bunábhar an cháinte a bhí sa tréadlitir féin.

Tarraingíonn an sórt seo eolais, tarraingíonn sé anuas ceisteanna áirithe faoi dhearcadh chliarlathas na hÉireann, mar gur minic a thugtar le fios go raibh an dearcadh sin righin agus seasmhach. Má dhéantar mionscagadh ar litreacha na n-easpag, is fearr an tuiscint a gheofar ar an dearcadh seo agus is soiléire a fheicfear na príomhbhuarthaí a bhí ag an gcliarlathas ag an am. Cé gur labhair na heaspaig amach go neamhbhalbh in éadan Réabhlóid na Fraince, cumainn rúnda, agus réabhlóidí i gcoitinne, tá fianaise ann a thugann le fios dúinn go raibh bá áirithe ag na heaspaig le Cumann na nÉireannach Aontaithe. Nár throid deartháireacha Francis Moylan taobh le George Washington? Nár fhógair an tArdeaspag Troy go raibh na heaspaig 'ar thús cadhnaíochta ag lorg fuascailte do na Caitlicigh'?

Is léir, áfach, go bhfuil deacrachtaí leis an ngnáthchléir, go háirithe mar gheall ar líon na cléire. Cuireann easpa ábhair fhianaise go mór lenár ndeacrachtaí. Tá tráchtairí na linne úd luaite againn cheana, leithéidí Musgrave a dúirt faoi na sagairt gurbh iad 'go príomha a bhí bainteach leis an gcomhcheilg urchóideach seo, agus Myles Byrne a cháin 'iarrachtaí macánta' na cléire a choinnigh na Gaeil faoi chois agus a shabháil 'rialtas mínáireach Shasana in Éirinn'.

Cé is moite de James Coigly, as an seachtó (70) cléireach a bhí in ainm is a bheith páirteach san Éirí Amach, níor fhág éinne acu aon scríbhinní ina dhiaidh, agus is ar fhoinsí indíreacha, mar sin, atáimid ag brath, cuid mhaith, le haghaidh cuntais ar an ngné seo den scéal. An staidéar is fearr ar chléir Loch Garman go dtí seo, dhírigh sé ar chomhfhreagras fairsing Caulfield-Troy i gcartlann dheoise Bhaile Átha Cliath. Maidir leis an gcomhfhreagras seo, áfach, caithfimid an t-eolas atá ann a mheas i gcomhthéacs an phlé iar-réabhlóide a bhí ar bun agus iarrachtaí Caulfield chun an dochar a mhaolú, oiread agus ab fhéidir. Tar éis an t-eolas seo a chur san áireamh, áfach, d'athraigh Kevin Whelan a bhreithiúnas ar na fíricí a bhí curtha i láthair an phobail aige sa bhliain 1987.

Caithfear fiú amháin an cuntas a scríobh James Coigly ar a bheatha féin, óna óige i gcontae Ard Mhacha go lá a bháis ar an gcroch ar Pennenden Heath sa bhliain 1798, a léamh go cúramach. Is léir gurbh Éireannach Aontaithe é Coigly agus tá go leor cáipéisí ar fáil ar a ghníomhaíocht i measc na gCosantóirí agus ar a chuairteanna chuig na cumainn radacacha i Sasana agus sa Fhrainc. Gabhadh ar deireadh é, in éineacht le Arthur O'Connor, i Margate, agus é ag déanamh réidh le dul chun na Fraince. Fuarthas ina sheilbh cáipéis cheannairceach ó 'Choiste Rúnda Shasana' chuig Direachtóireacht na Fraince. Seo an cháipéis a chuir caidhp an bháis air. Ós rud é go raibh dlúthbhaint aige leis an bhfreasúra i Sasana, ba thábhachtaí i bhfad an príosúnach é Arthur O'Connor. B'ábhar mór náire do rialtas Pitt é, freisin. Thuig an t-ardbholscaire, Coigly, an íoróin seo agus bhain sé sochar as, sa tréimhse idir an t-am ar ciontaíodh é agus lá a chur chun báis, chun tíorántacht an rialtais a nochtadh agus a dhamnú.

Mar sin, ní achainí ar thrua ná ar thrócaire atá i m*Beatha* Coigly, ach tráchtas polaitiúil, chun aird a tharraingt ar a dhúnmharú féin faoi chead an Stáit, agus chun léiriú a thabhairt ar iompar Ghobharnóirí na hÉireann, ar thug sé 'bithiúnaigh urchóideacha, creachadóirí poiblí... leas-chonsail a bheadh oiriúnach do Nero nó Caligula, nó Ottoman Sultans', orthu. Chomh maith leis sin, bhí sé ag iarraidh barbarthacht an Oird Oráistigh, a chuir sé i gcomparáid le 'tíorántacht Robespierre', a thabhairt chun solais.

Bhí cás Coigly ina *cause célèbre*. Is mar seo leanas a scríobh Tone, nár thaitin aon sagart leis, Coigly ach go háirithe, ina dhialann:

Tá Coigly curtha chun báis agus fuair sé bás laoich. Má bhaineann Éire saoirse amach feasta agus má bhainimid saoirse amach, is mise is túisce a mholfas leacht cuimhneacháin ina onóir. Glanann a iompar ar uair a bháis gach rud a bhain dó roimhe sin.

I ndiaidh na réabhlóide, áfach, is beag fonn a bhí ar éinne leachta a thógáil do laochra ar lár.

Taobh amuigh de Coigly, is é an sagart Agaistíneach, John Martin ó Dhroichead Átha, an sagart is mó a bhfuil cur síos déanta air. Tá cosúlachtaí móra idir a réim seisean agus réim Coigly. Bhí Martin gníomhach sna Cosantóirí i gcontae Lú. Thug sé móid na nÉireannach Aontaithe sa bhliain 1797 chun 'gach aonad a dhéanamh cothrom', 'gach bunú rialtais' a scor, agus chun ' a gcearta a bhaint amach do gach duine faoi dhíobháil'. Ón am san amach bhí Martin gnóthach ag cur 'chuallacht an ghrá' chun cinn, agus ag seanmóireacht ar fud chontaetha Ard Mhacha, Lú, na Mí agus Bhaile Átha Cliath, agus ag eagrú na struchtúr i nDroichead Átha. Le linn na réabhlóide, fuair Martin coimisiún tábhachtach ó Choiste na nÉireannach Aontaithe a bhí bunaithe i Sráid Thomáis i mBaile Átha Cliath. Tar éis na ndrochbhuillí a bualadh ar arm na reibiliúnach i dTeamhair agus ar an gCurrach, cuireadh pleananna na nÉireannach Aontaithe trína chéile. Ba é Loch Garman an t-aon eisceacht air seo, áit a raibh go leor daoine ar fáil chun tabhairt faoi bheart a dhéanamh. Ina ainneoin seo, níor éirigh leis na Carmanaigh briseadh isteach sna contaetha taobh leo.

Sa chomhthéacs seo, tugadh coimisiún eile do Martin dul ó dheas agus bualadh le Joseph Holt agus ionsaí a dhéanamh ar Bhaile Átha Cliath. Rug na ceithearnaigh air ag Cruinniú na nUiscí i gcontae Chill Mhantáin, agus is é a fhaoistin a thugann an t-eolas dúinn ar a bheatha. Caithfear na foinsí seo a fuarthas ag béal gunna a léamh go cúramach. Tá cáineadh fada ina fhaoistin ar chóras na nÉireannach Aontaithe. Tá fuath anois aige do na hÉireannaigh Aontaithe, toisc nár sheasadar le chéile agus labhraíonn sé orthu mar dhrong mheata. Deir sé gur chreid sé go dtroidfidís nó go bhfaighidís bás le chéile ar son na cúise. Ní raibh rún ar bith aige féin arm a ghlacadh, ach gur theastaigh uaidh é féin a íobairt le hionspioráid a thabhairt don bpobal. Aríst, dúirt Martin go raibh Machiavel léite aige agus gur mhúin Machiavel nár chóir am ar bith a chur amú nuair a bhí beart le cur i gcrích.

Pé scéal é, má léitear faoistin Martin agus *Beatha* Coigly go cúramach, tugann siad léargas dúinn ar pháirtíocht na cléire sna hÉireannaigh Aontaithe. Ní raibh siad ina 'sagairt reibiliúnacha' ná ina 'fanaicigh phápanta', ina 'meisceoirí' ná ina 'reibiliúnaigh dhrogallacha'. Bhí an bheirt acu polaitiúil, tógtha go hiomlán le cúis na nÉireannach Aontaithe, agus gníomhach i gcur chun cinn na cuallachta. Ní hionadh é, mar sin, agus na pointí seo le cur san áireamh, gur cailleadh Martin agus Coigly taobh thiar d'íomhá de 'mighty wave' an Athar Uí Mhurchú.

iv

Is deacair spreagadh na sagart dílseach a mheas, freisin, de bharr easpa foinsí iontaofa. Más fíor go bhfuil gá le hathscrúdú ar nóisean an 'tsagairt reibiliúnaigh', ní lú an gá le hathscrúdú i gcás an 'tsagairt dhílsigh'. Is iomaí cruth a bhí ar mhíshástacht na cléire, agus ar dhílseachtaí na gnáthchléire chomh maith. Bhí sagairt ann a bhí in aghaidh pholaitíocht radacach na haoise ó thaobh na hidé-eolaíochta de. An tráthnóna roimh thús na réabhlóide, d'fhoilsigh an tAthair William Gahan ó John's Lane, Baile Átha Cliath, paimfléad dar teideal 'An Óige faoi Theagasc', ina raibh diúltú iomlán do Tom Paine agus dá chuid 'machnamh díomhaoin, smaointe aisteacha agus buillí faoi thuairim'. Is sampla é an tráchtas seo ar dhearcadh na gnáthchléire ar litríocht radacach na haoise. Cé go raibh sé coimeádach, gan amhras, mar sin féin tá sé deacair paimfléad Gahan a rangú. Bhí ábhar oiriúnach ann don seanmóirí dílseach, ach is cinnte gur ábhar teagaisc a bhí ann go bunúsach. Ní raibh aon chlár dílseach ag an údar agus níor dhírigh sé an téacs ar aon dream faoi leith.

Thóg sagairt eile ard-dhearcadh dílseach go poiblí, dála an Athar Patrick Ryan ón gCúlóg i gcontae Bhaile Átha Cliath. Bhí clú air i measc na haicme coimeádaí mar gheall ar an gcomhoibriú a thug sé do Corps

Ceithearnach Fhine Gall san fheachtas a bhí ar bun acu an ceantar a dhí-armáil. Chomhoibrigh go leor de na sagairt go toilteanach san fheachtas chun dearbhú dílseachta a fháil ó dhaoine in earrach na bliana 1798. Tá fianaise ann, áfach, gur chuir dílseoirí isteach ar shagairt áirithe ag an am. Bhí cuimhne ag William Farrell, Éireannach Aontaithe ó Cheatharlach, ar bhagairtí a rinne an Captaen Swayne ó Mhílíste Chathair Chorcaí ar shagart aosta, an tAthair Higgins, sa Chorrchoill i gcontae Chill Dara, lena chinntiú go dtabharfadh sé an dearbhú dílseachta: 'muna ndéanann tú é', ar seisean leis an sagart, 'doirtfidh mé luaidhe fiuchta síos i do scornach'. Ghéill sagart eile don airgead, agus tá suas le deichniúr sagart ar liosta na ndaoine ar tugadh airgead de chuid na seirbhísí rúnda dóibh i rith na réabhlóide. Dhíol cuid de na brathadóirí go daor as a n-iompar: dúirt Thomas Barry ó Mhainistir na Corann go raibh a shlí bheatha scriosta ar fad, agus tógadh corp Michael Phillips, Proinsiasach, ó abhainn an Lagáin i mí Feabhra, 1796.

Ba é an grúpa ba mhó agus ba líonmhaire den chléir, áfach, na sagairt úd a sheachain páirt ar bith a ghlacadh, taobh amháin ná taobh eile, sa réabhlóid. Chabhraigh sé seo le híomhá 'na cléire dílse' i 1798. Ach, ar an láimh eile, baineadh an bhrí as a gciúineas gur ag tacú le cúis na réabhlóide a bhí siad. Mar sin, níl an focal scoir ráite fós faoi ról na cléire Caitlicí i 1798. Is scéal é atá casta, agus a bhfuil aire úr tuillte aige agus ag na foinsí staire atá ar fáil dó.

Leabharliosta

Bartlett, T., *The Fall and Rise of the Irish Nation* (B.Á.C., 1992).

Curtin, N., *The United Irishmen: Popular Politics in Ulster and Dublin, 1791-98* (Oxford, 1994).

Keogh, D., *The French Disease: The Catholic Church and Radicalism in Ireland, 1790-1800* (B.Á.C., 1993).

—, *A Patriot Priest: The life of James Coigly* (Corcaigh, 1998).

Póirtéir, C. (eag.), *The Great Irish Rebellion of 1798* (Corcaigh & B.Á.C., 1998).

Swords, L. (eag.), *Protestant, Catholic & Dissenter: The clergy and 1798* (B.Á.C. 1997).

Brian Ó Cléirigh

Scoláire ó cheantar an Abhalloirt i gcontae Loch Garman; tá staidéar domhain déanta aige ar an Éirí Amach sa chontae sin agus ar na hÉireannaigh Aontaithe i gcoitinne. Ailt i gcló aige agus léachtaí tugtha aige ar an ábhar seo in Éirinn agus thar lear. É ag obair mar aistritheoir i dTithe an Oireachtais.

1798 I LOCH GARMAN

Le breis is scór bliain anuas tá athmheas á dhéanamh ar Éirí Amach 1798 i Loch Garman. Is féidir a rá go dtuigtear níos soiléire anois go raibh creat soifisticiúil polaitíochta laistiar de, agus gur chuid d'Éirí Amach na nÉireannach Aontaithe i gcoitinne a bhí ann. Is léir anois go raibh na hÉireannaigh Aontaithe eagraithe cuíosach maith ann, agus, dála contaetha eile, é mar aidhm acu a gcion a dhéanamh san fheachtas náisiúnta chun deireadh a chur le Rialtas seicteach Bhaile Átha Cliath agus Poblacht dhaonlathach a chur ar bun in Éirinn a bheadh saor ó chur isteach ó Shasana. Is amhlaidh gur i Loch Garman is mó a fíoraíodh an aisling seo, le bunú Phoblacht Loch Garman i mí an Mheithimh 1798.

Mar aon le réabhlóideachas na nÉireannach Aontaithe, áfach, ní mór ceannaireceacht na ngnáthdhaoine i gcoinne géarleanúna a chur sa mheá ar na cúiseanna a bhí leis an Éirí Amach i Loch Garman. Bhí siad araon i gceist, bonn ar bhonn. Agus, maidir le seicteachas de, is deacair a fheiceáil cén chaoi a bhféadfaí Stát seicteach a leagan go talamh gan gné sheicteach éigin teacht i gceist, leis an Stát agus a lucht tacaíochta ag cur in aghaidh na treascartha sin. Fós féin, ba ghnéithe imeallacha go maith iad seo, i gcomparáid leis an bpríomhaidhm: stádas an duine a ardú ó leibhéal an ghéillsinigh go gradam an tsaoránaigh.

Murab ionann agus contaetha eile, ba le trí bhua mhíleata a thosaigh na Carmanaigh, ar Chnoc an Abhalloirt, in Inis Córthaidh agus ar na Trí Charraig, lasmuigh de Loch Garman. Bhí ar údaráis an chontae an baile mór a thréigean ansin, agus ghlac na réabhlóidithe seilbh air. Leis an gcontae faoina smacht, bhí orthu a gcuid teoiricí daonlathacha a chur i ngníomh agus sin go práinneach. Tar éis an oiread ullmhúcháin agus ab fhéidir, tionóladh cruinniú mór de mhaithe agus móruaisle mheánaicme an chontae oíche an 31 Bealtaine agus leanadh den chruinniú arís an lá dár gcionn. Ag an ollchruinniú seo, a raibh suas le cúig chéad fear ann, ag feidhmiú in ainm na ndaoine, ghabhadar cumhacht mhíleata agus cumhacht shibhialta sa chontae, agus d'údaraigh siad daoine chun na cumhachtaí sin a fheidhmiú thar a gceann.

Cé gur dóigh go raibh daoine ann a bhí amhrasach go maith go n-éireodh go fadtéarmach lena raibh ag tarlú, chuaigh siad leis an svae. Cuireann Criostóir Táilliúir, fear a chuir fógraí éagsúla na Poblachta i gcló, an t-atmaisféar in iúl dúinn, nuair a chuir sé an teideal 'Clódóir do Phoblacht Loch Garman' in airde i litreacha órga ar dhoras a shiopa clódóireachta i lár an bhaile mhóir. Bhí an dara duine den sloinne sin, Táilliúir, sa bhaile mór ag an am sin freisin. Ministir Modhach agus príosúnach de chuid na Poblachta a bhí ann. Scríobh seisean an chéad stair den Éirí Amach, de réir dealraimh. Thuig seisean impleachtaí a raibh ag tarlú. Deir sé:

> Ní túisce a tháinig na ceannaircigh isteach sa mbaile ná thosaigh siad ar an Stát a leasú. Cuireadh Mórchoiste Náisiúnta ar bun, mar aon le Coiste na gCúig Chéad, agus Comhairle na Seanórach. Gabhadh seilbh ar theach gnó mhuintir Cullimore, dár gaireadh Teach an tSeanaid.

Bhí ministir Modhach eile sa phríosún, leis. Tar éis an Éirí Amach chuaigh an dara fear seo, ar Gurley ab ainm dó, go Ceanada. Thall ansin scríobh seisean stair freisin, a thagann focal ar fhocal leis an Oirmhinneach Táilliúir faoina ndearnadh ag an gcéad chruinniú mór seo. Bunaithe ar na tagairtí sin do Theach an tSeanaid, agus fiú don Seanad féin, áit eile i dtéacs an Táilliúirigh, tugtar san alt seo 'Seanad Loch Garman' ar chruinnithe na bpríomháititheoirí den sórt sin, mar is fearr go mór a chuireann sé in iúl an ghné dhaonlathach dá raibh ag tarlú ná téarma ar bith bunaithe ar an bhfocal 'coiste'. Déanann Eadvard Ó hAodha (Hay) agus an Ginearál Tomás Ó Cluanaigh, beirt cheannairí de chuid na nÉireannach Aontaithe sa chontae, tagairt don chéad chruinniú mór seo freisin sna cuntais a scríobh siad faoinar tharla ann i 1798. In imthosca na tíre tar éis an Éirí Amach, bí cinnte nach bhféadfaidís na focail 'poblacht', ná 'seanad', ná fiú 'saoránach' a úsáid, ná aon rud a rá a thabharfadh le fios go raibh baint ag cruinnithe den sórt sin le spriocanna réabhlóideacha na nÉireannach Aontaithe. Deir Ó hAodha gur ag an gcruinniú sin a iarradh ar an uasal Harvey gníomhú mar Ard-Cheannasaí agus 'rinneadh ceapacháin agus rialacháin eile chun an tír a chothabháil agus a sholáthar'.

Is nuair a dhéantar iniúchadh ar na ceapacháin agus ar na rialacháin seo a luann Ó hAodha a thuigimid go bhfuilimid ag breathnú ar réabhlóid ag teacht ar an saol agus cumhachtaí míleata agus sibhialta uile á dtógáil orthu féin ag na daoine. Seo leanas na cúig ní ba thábhachtaí dá ndearna siad, nithe a rinne Poblacht de Loch Garman ar feadh trí seachtaine:

(i)   Bhunaigh siad Comhairle na Seanórach, mar a thugann an Táilliúireach air, nó an Coiste um Riaradh Ginearálta, mar a thugann Ó hAodha air.   Coiste feidhmiúcháin a bhí i gCoiste na Seanórach, a bunaíodh chun feidhmiú ar bhonn laethúil thar ceann an tSeanaid. Bhí gach rud faoina chúram, ar a n-áirítear cúirteanna agus príosúin, agus ceapadh Bagenal Harvey mar Uachtarán air.

(ii)   Cheap siad Bagenal Harvey arís mar Ard-Cheannasaí ar Arm Loch Garman. Leis an gceapachán sin rinne siad an tArm a bhunú go foirmiúil. Is éard a bhí ann, 20,000 fear ar a mhéid, ar a n-áirítear na céadta Protastúnach chomh maith le Caitlicigh. Bunaíodh ina dhá leath é, an tArm Theas agus an tArm Thuaidh, le habhainn na Sláine á roinnt. D'fheidhmigh an dá arm ar leithligh óna chéile, agus níor throid siad taobh le taobh riamh.

(iii)   Chuir siad cabhlach Loch Garman ar bun, agus cheap siad John Howlin, Iar-Chaptaen i gCabhlach Mheiriceá faoi Washington, mar aimiréal air.   Bhí ceithre bhád ann agus criú de 24 fear ar gach ceann acu. Bhíodar armtha go maith agus rinne siad éacht le linn na Poblachta, trí bháid a ghabháil agus lastaí bia a thabhairt isteach sa bhaile mór. Ghabhadar bád amháin a raibh trí bhairille púdair ar bord aici, rud a chuir go mór le héifeacht an Airm. An lá díreach i ndiaidh a bhunaithe, ghabh an cabhlach long a raibh an Tiarna Kingsborough, coirnéal ar mhílíste na gCorcaíoch Thuaidh, á iompar aici. Bhí páirt mhór ag an bhfear seo sa scéal trí seachtaine ina dhiaidh sin, mar is dósan a ghéill an Phoblacht go foirmiúil sa deireadh.   Rinneadh aimiréal eile de chaptaen an bháid a ghabh é, an tAimiréal Ó Scolláin, fear a tháinig slán as an Éirí Amach agus a fuair bás ar muir daichead éigin bliain ina dhiaidh sin agus é ina chaptaen ar lastlong Iar-Indiach.

(iv) Bhunaigh siad an Coiste Slándála Poiblí agus cuireadh in áit an tseanbhardais sheictigh é. Ceapagh Maitiú Ó hEocha (Keugh) mar Chathaoirleach ar an gcoiste tábhachtach seo. Iarshaighdiúir agus Protastúnach ab ea é, agus radacach, ó thaobh na polaitíochta de, a bhí ann. Faoin gcoiste seo chuir gach barda den bhaile a chomplacht saighdiúirí féin le chéile chun an tsíocháin a chaomhnú. Rinne siad éacht. Bhí gach rud ciúin sábháilte sa bhaile go ceann trí seachtaine, nuair a thosaigh an Phoblacht ag titim as a chéile.

(v) Bhunaigh siad Coiste Soláthair nó Lónroinn. Ba le hairm agus púdar, bia agus riachtanais eile a sholáthar don Arm, chomh maith le bia a sholáthar do mhuintir bhaile Loch Garman féin, a cuireadh ar bun é. Bhí beirt ionadaithe ó chuile pharóiste le bheith ar an gcoiste seo. Ba é Conchúir Ó Gruagáin, an fear ar leis Caisleán Bhaile Eoin, a ceapadh mar chathaoirleach air. Protastúnach a bhí an-mhór le Harvey ab ea Ó Gruagáin, fear a raibh an gúta ag cur go mór air. Crochadh é tar éis an Éirí Amach.

Ba iad sin príomhimeachtaí an chéad chruinnithe de Sheanad Loch Garman. Níor fógraíodh an Phoblacht go foirmiúil, de réir dealraimh, mar a rinne Humbert i gConnachta cúpla mí ina dhiaidh sin. Is cosúil go rabhthas ann a bhí amhrasach faoina raibh i ndán don Éirí Amach i gcoitinne, agus nach bhfaca aon bhuntáiste i dteideal ardnósach a bhaisteadh ar a raibh á dhéanamh acu, rudaí a bhféadfaí daoine a chrochadh ar ball mar gheall orthu dá dteipfeadh ar an réabhlóid. D'fhéach na seanadóirí seo orthu féin mar ailtírí ord nua polaitíochta ar tháinig a ndlisteanacht aníos ó na daoine i dtionól. Ba leo féin an Seanad, agus is uathu féin a ghlac siad an chumhacht mar phobal. Cheadaigh siad na ceapacháin agus na rialacháin thuasluaite le húdarás Seanaid dá bpobal féin, a bhí ag feidhmiú in ainm na ndaoine, mí an Mheithimh 1798. Leis sin tháinig ré an tsaoránaigh go hÉirinn.

Níos mó ná uair amháin chuaigh Arm Loch Garman nó Comhairle na Seanórach ar iontaoibh an tSeanaid seo de phríomháititheoirí, ar cheart dúinn anois príomhshaoránaigh a thabhairt orthu. Is é an tslí a ndeachaigh siad ar iontaoibh na bpríomháititheoirí seo le haghaidh údaráis, a rinne poblacht den chóras i Loch Garman seachas rialtas míleata. Faraor, ba é an chéad chruinniú de Sheanad Loch Garman buaicphointe na Poblachta, agus níorbh fhada go raibh na laigí míleata agus polaitíochta á nochtadh féin.

An lá tar éis chruinniú tosaigh an tSeanaid, ghabh cabhlach Loch Garman bád an Tiarna Kingsborough ar an 2 Meitheamh. Uaidh sin fuair siad scéala faoina raibh ag tarlú i mBaile Átha Cliath. Ní raibh an dara rogha ag na Carmanaigh ansin ach briseadh amach trí Ros Mhic Thriúin nó tríd an Inbhear Mór agus an réabhlóid a scaipeadh in áiteanna eile. Ar an 5 Meitheamh cuireadh cath fuilteach i Ros Mhic Thriúin. Chaill Arm Theas na Poblachta breis is trian dá chuid fear sna hionsaithe fíochmhara suas go béal na ngunnaí móra. Tharla a mhacasamhail san Inhear Mór ar an naoú lá den mhí, go háirithe ag na bacainní ar an bpríomhshráid. Easpa púdair sa deireadh faoi deara nár ghabh siad an tInbhear Mór agus an bealach a oscailt chun na hardchathrach; agus fágadh an baile i lámha na Sasanach.

Mar a bheifí ag súil leis, bhí deacrachtaí ann de dheasca na mbristeacha seo. Bhí an réabhlóid loctha isteach i Loch Garman ag an Rialtas anois, agus bhí aisling na poblachta náisiúnta ag sleabhcadh. Thosaigh an comhaontú laistigh den Phoblacht bheag nua ag briseadh síos, agus tháinig meath ar chúrsaí smachta. Bhí an tArm Theas bánaithe, geall leis, le daoine ag imeacht abhaile leo féin as a stuaim féin, agus bhí an tArm Thuaidh ag éirí níos neamhspleáí ar an gComhairle i mbaile Loch Garman. Mar gheall air seo rinne an Chomhairle iarracht nua dul i ndlúthcheannas ar chúrsaí. Tháinig an Seanad le chéile ar an 13 Meitheamh. Cuireann Ó hAodha síos arís go cúramach, cáiréiseach faoin gcruinniú seo. Deir sé:

> Ar an 13 Meitheamh tháinig líon daoine as na campaí éagsúla, gan á spreagadh ach na ceannfháthanna ba neamh-fhéinchúisí, amhail is dá mbeadh comhshocrú ann roimh ré é sin a dhéanamh, agus chas siad leis an Ard-Cheannasaí ó Loch Garman chun dul i gcomhairle ar an tslí ab fhearr chun an daoscar a choinneáil in ordú éigin.

Tar éis casadh leis an Ard-Cheannasaí chuaigh siad go Teach an tSeanaid agus is ansin a bhunaigh siad An Chomhairle chun Chúrsaí Mhuintir Chontae Loch Garman a stiúradh. Is léir ón ainm air gur bhain sé leis an gcontae ar fad. Ceapadh ochtar fear ar an gcomhairle seo, ceathrar Caitliceach agus ceathrar Protastúnach. I gcontae ar Chaitlicigh 90% den bpobal, léiríonn sé seo fealsúnacht na nÉireannach Aontaithe á fógairt acu don tír ar fad. Ní malairt na bpéindlíthe a bhí uathu, ach náisiún nua ar fad a mbeadh páirt ann do chuile dhuine. Ceapadh an Protastúnach, Bagenal Harvey, mar Uachtarán agus an Preispitéireach, Nicholas Gray, mar Rúnaí ar an gcomhairle.

Bhí an chomhairle nua seo san fhaopach ón tús. Bhí ag teip ar Arm na Poblachta an réabhlóid a scaipeadh amach sna contaetha eile, mar a mbeadh tuilleadh acmhainní le fáil. Bhí drochamhras ag go leor san Arm Thuaidh ar an gcomhairle; do mheas siad go raibh an chomhairle ag iarraidh dul i mbun cainteanna le Caisleán Bhaile Átha Cliath faoin bPoblacht a ghéilleadh. Bhí cúrsaí go hainnis ó thaobh an tsoláthair de, freisin. Easpa púdair an fhadhb ba mhó ar fad a bhí ann. Cuireadh monarcha púdair ar bun i Loch Garman, ach theip uirthi mar nach raibh an púdar sách pléascach. Bhí ag éirí go maith leo ó thaobh na pící a dhéanamh, ach bhí deacrachtaí acu na muscaeid a choinneáil ag obair. Is iomaí fear a raibh muscaed aige agus nach raibh mórán cur amach aige air. Rinneadh tréaniarracht an tArm a choinneáil ag feidhmiú. Chun smacht a chur i bhfeidhm in athuair san Arm, shocraigh an chomhairle nua ar mhionnaí a thabhairt amach agus iachall a chur ar a cuid oifigeach agus saighdiúirí iad a thabhairt. Bhí ar an bpobal féin, fiú, an leabhar a thabhairt go mbeidís umhal dá gcuid ceannairí.

Níorbh obair in aisce é, ach oiread. Feicimid an smacht á chur i bhfeidhm ar an 16 Meitheamh, nuair a d'fhreagair Gray, Rúnaí na comhairle, litir ón Ard-Cheannasaí nua, Pilib de Róiste, a raibh earcaigh á lorg go práinneach aige don Arm Theas. Tabhair faoi deara arís an téarmaíocht phoblachtánach lena n-osclaítear an litir idir an bheirt ardfheidhmeannach seo:

A shaoránaigh, a chara,

Tá orduithe eisithe anois againn, áfach, ag iarraidh ar fhir neamhphósta dul go dtí na campaí. Rinne muid é seo cheana, ach níor ghéilleadh go hiomlán do na horduithe sin. San am i láthair beidh géilleadh ar leithligh curtha i bhfeidhm agus creidimid go bhfaighidh tú líon stócach úr feistithe amach chomh maith agus is féidir linn i do champa go luath.

Ceithre lá ina dhiaidh sin bhí an tArm Theas láidir go leor arís chun Cath mór Mhuilinn a' Phúca a chur ar an nGinearál Sasanach, Seán de Mórdha, cath a mhair breis is ceithre huaire an chloig. Bhí údarás na Poblachta fós i bhfeidhm. Ar an 19 Meitheamh thosaigh fórsaí na corónach ag plódú isteach sa cheantar—ó Phort Láirge, Ros Mhic Thriúin, Bhun Clóidí, ó Charn an Bhua, ón Tulach, ó Shíol Éalaigh agus ón Inbhear Mór. Ag máirseáil dó ón Inbhear Mór aduaidh i dtreo an Abhalloirt, d'fhág an Ginearál Sasanach Needham léirscrios iomlán ar feadh míle ar gach taobh de, tithe á ndó agus daoine á gcaitheamh aige. Ní dhearnadh príosúnach de dhuine ar bith.

Theich na daoine roimhe ar na bóithre plódaithe. Bhí gach rud ina chíor thuathail agus an baol ann go rachadh cúrsaí ó smacht. Go déanach ar an lá céanna sin, ordaíodh do shaighdiúirí an Choiste Slándála Poiblí dul i gcabhair ar an Arm Theas chun an fód a sheasamh in aghaidh an Ghinearáil Uí Mhórdha ag Muilinn a' Phúca. D'fhág sin nach raibh fórsaí ar bith ag an gCoiste Slándála chun an tsíocháin a choimeád agus seasamh i gcoinne na ndaoine a raibh géarleanúint neamhthrócaireach imeartha orthu sna seachtainí roimh an Éirí Amach agus a bhí ag éileamh ceartais ón bPoblacht ón tús. Chomh luath leis an 7 Meitheamh d'eisigh an Ginearál Eadvard de Róiste forógra, dírithe ar Inis Córthaidh de réir dealraimh, inar mhol sé go láidir d'Arm na Poblachta agus d'Éireannaigh i gcoitinne cuimhneamh ar an gcúis a rabhadar aontaithe agus i mbun troda ar a son, agus gníomhartha seicteacha a sheachaint. Seans maith gurb í an cháipéis is breátha dár tháinig anuas chugainn ón tréimhse sin an cháipéis áirithe seo.

Cúpla la tar éis an ráitis sin, cuireadh buíon gunnadóirí ó bhaile Loch Garman go dtí an campa ar Chnoc an Fhinéagra chun deireadh a chur leis na maruithe ansin. Níor cuireadh aon dílseoir chun báis i Loch Garman go dtí an deireadh, nuair a bhí an Phoblacht ag titim as a chéile agus nuair a chuir drochiompar shaighdiúirí Needham an lasóg sa bharrach. Is ansin a tharla an scliúchas. Cuireadh deireadh le polasaí

Harvey, briseadh isteach sna príosúin, agus cuireadh seachtó éigin dílseoir chun báis ar Dhroichead Loch Garman, daoine neamhchiontacha ina measc. Bhain crúálacht leis na básuithe seo, ar thragóid dhaonna agus pholaitiúil iad.

Tráthnóna drámatúil a bhí ann ar an 20 Meitheamh. Bhí a scáth á chaitheamh ar an mbaile ag na básuithe. Bhí cath mór á throid i Muilinn a' Phúca agus ceann eile ag bagairt an mhaidin dár gcionn ar Chnoc an Fhinéagra, dhá cheann de na cathanna is mó i stair na hÉireann. Bhí báid ghunnaí mhóra Shasana ar an gcósta agus bhí an Phoblacht bheag ag titim as a chéile nuair a tháinig na céadfhir ar ais ó Mhuilinn a' Phúca leis an scéala go raibh orthu tarraingt siar, arís toisc nach raibh dóthain púdair acu. I dtábhairne Rinn an Dóchais chuir Kingsborough fios ar Eadvard Ó hAodha chun téarmaí géillte a chomhaontú, le cur ar aghaidh chuig Ard-Cheannasaí Arm Shasana, an Ginearál Lake. Chuir Ó hAodha, ar chomhalta den Chomhairle é, ina luí ar Kingsborough nárbh fhéidir téarmaí a chomhaontú gan cead na ndaoine a fháil, agus dúirt go ndéanfadh sé iarracht oiread de na comhaltaí raibh fáil orthu a thionól, fiú amháin ag an am sin. Rinne sé amhlaidh, ach níor fhéad siad, ar a n-anam, aon téarmaí a chomhaontú go dtí go mbeadh a fhios acu conas mar a bhí ar Chnoc an Fhinéagra. Shocraigh siad teacht le chéile arís an mhaidin dár gcionn, mar a deir Ó hAodha, 'ag teach an Chaptaein Uí Eocha, nuair a dhéanfadh an tionól iomlán an cheist a mheas, rud nach bhféadfaí a dhéanamh an tráth sin den oíche'.

Tionóladh an cruinniú deiridh de Sheanad Loch Garman ansin. Ní deirtear cé mhéad duine a bhí i lathair. Phléigh siad chuile rud, go dtí gur tháinig gaoth an fhocail gur briseadh ar an Arm Thuaidh ag Cnoc an Fhinéagra. Ansan comhaontaíodh na téarmaí. Toisc nach raibh an oiread sin i láthair, chinn siad na téarmaí a chur os comhair mhuintir an bhaile mhóir féin, agus chuige sin tionóladh na daoine ar an ngaoth choiteann. Chun an baile a shabháil ar ghunnaí móra an Ghinearáil Lake ghlac siad go fonnmhar leis na moltaí. Mar sin, is féidir a rá gur ón bpobal a fuair an Phoblacht a cuid údaráis, fiú go dtí an deireadh.

Cuireadh na téarmaí seo in iúl do Kingsborough. D'iarr seisean claíomh na Poblachta ón gCaptaen Ó hEocha. D'ainneoin drogall a bheith air, thug sé dó é go han-fhoirmeálta ar fad. Maidir leis an iar-

Mhéara, Jacob, a bhí tar éis dul leis an bPoblacht cosúil le go leor Protastúnach eile, d'aontaigh seisean feidhmiú mar mhéara arís. Leis sin, bhí an chumhacht ar ais sna lámha céanna ina raibh sé roimh an réabhlóid. Bhí deireadh le Poblacht Loch Garman.

Go luath ina dhiaidh sin tháinig an tArm Thuaidh isteach sa bhaile, tar éis a bhealach a dhéanamh ó Chnoc an Fhinéagra. Dhiúltaigh siad d'aon ghéilleadh. Scoilt siad ina dhá bhfórsa ansin. Chuaigh an tAthair Seán Ó Murchú siar ó thuaidh trí chontae Chill Chainnigh, chomh fada le contae Laoise; agus chuaigh Antóin Perry ó thuaidh chomh fada le hÁth Fheirdia. Idir an bheirt acu throideadar an líon céanna cathanna tar éis Chnoc an Fhinéagra is a troideadh roimhe—deich gcinn. Níl an taighde ar a ngníomhartha gaile is gaisce ach ag tosú, agus mar an gcéanna i gcás Phoblacht Loch Garman: á spreagadh ag comóradh an dá chéad.

Toradh eile ar an gcomóradh, go bhfuil 1798 á chur ar ais ar churaclam na scoileanna, pé ní ba chúis lena bhaint den churaclam an chéad lá. Tá Poblacht Loch Garman ina beocheist na laethanta seo, ceist nach bhfuil tuiscint mhionchruinn againn uirthi go fóill. Fós féin, áfach, is cinnte go bhfuil an Phoblacht ar cheann de na gnéithe is suimiúla dár fhág glúin na nÉireannach Aontaithe le huacht againn. Mura raibh sí sofaisticiúil, ba í an chéad cheann í; mura raibh sí lánéifeachtach, bhí sí faoi léigear; má bhí díoltas i gceist, bhíothas spréachta thar na bearta. Má bhí sí anabaí, bhí aisling náisiúnta aici, agus má leantar den aisling sin fíorófar lá éigin í.

Leabharliosta

Furlong, N., *Fr. John Murphy of Boolavogue 1751-1798* (B.Á.C., 1991).

Keogh, D. agus Furlong, N. (eag.), *The mighty wave: the 1798 rebellion in Wexford* (B.Á.C., 1996).

Póirtéir, C. (eag.), *The Great Irish Rebellion of 1798* (Corcaigh & B.Á.C., 1998).

Whelan K., *The Tree of Liberty: Radicalism, Catholicism and the construction of Irish identity 1760-1830* (Corcaigh, 1996).

—, *Fellowship of Freedom: The United Irishmen and 1798* (Corcaigh, 1998).

Nollaig Ó Gadhra

Luimníoch, ina chónaí i nGaeltacht Chois Fharraige le fada. Céimí Staire agus Gaeilge ó Choláiste Ollscoile Chorcaí, tá sé ina Léachtóir sa Scoil Ghnó agus Éigse in Institiúid Teicneolaíochta na Gaillimhe-Maigh Eo. Iriseoir agus craoltóir dátheangach, tá thart ar dhosaen leabhar, i nGaeilge agus i mBeárla, scríofa aige, agus duaiseanna agus gradaim éagsúla buaite aige, thar lear agus sa bhaile, le glúin anuas.

1798 I GCÚIGE ULADH

Tá sé chomh fada sin ó bhí aird ag an bpobal ar bhéaloideas 1798, ar na hamhráin, na miotais agus na blúirí seanchais a bhí fairsing i gciorcail oifigiúla féin, glúin ó shin, go bhfuil gá le cúlra beag agus le sainmhínithe áirithe roimh thabhairt faoi bhunábhar na haiste seo. Is gá, ar ndóigh, breathnú ar 1798 mar chríoch ar scéal polaitíochta a thosaigh blianta roimhe sin, agus, de bharr an tionchair a bhí ag an Éirí Amach agus an an gcaoi bharbarach inar cuireadh faoi chois na hiarrachtaí troda éagsúla, ar stair na tíre ó shin i leith, is gá focal a rá faoi na torthaí sin chomh maith. I dtéarmaí míleata, ba lag an iarracht a bhí ann mar éirí amach. Ach ba é an chéad seasamh láidir a glacadh in aghaidh na Sasanach sa tír seo ó Bhriseadh Luimnigh breis is céad bliain roimhe sin. Ba é freisin an t-éirí amach poblachtach ba mhó a tharla go dtí an seasamh a bhí dána ach teoranta i 1916—iarracht a thug ar Mhícheál Ó Coileáin, mar shampla, agus ar dhaoine eile a tháinig slán ó Ardoifig an Phoist, a mheas nár cheart seasamh dána oscailte a ghlacadh in aghaidh Arm Shasana arís go deo, ach dul i mbun na garchogaíochta.

An rud is suntasaí faoi Éirí Amach 1798, áfach, ná gur éirí amach fairsing fuilteach a bhí ann, ar bhealaí eile, agus go háirithe maidir leis an líon daoine a maraíodh—thart ar 30,000 ar fad, meastar. Ba mhó líon na ndaoine a maraíodh sa réabhlóid in Éirinn, meastar, ná an líon a cuireadh chun báis le linn ré an uafáis san Fhrainc féin. Bhí líon mór ban agus páistí san áireamh. Bhí gnáthdhaoine nach raibh páirteach sa troid i gceist, chomh maith, agus mar a deirtear i gcónaí na laethanta seo, ní ar thaobh amháin a tharla an feall agus an marú seicteach, ach ar an dá thaobh. Seo rud a tharlaíonn, faoi mar a mheabhraíonn lucht móráltachta dúinn go rialta, a luaithe a ghlacann dream ar bith an cinneadh dul i mbun na láimhe láidre. An difríocht sa chás seo, áfach, ná go bhfuil fianaise láidir ann gur theastaigh ó na húdaráis, agus ón nGinearál Lake i gCaisleán Bhaile Átha Cliath ach go háirithe, an gnáthphobal a ghríosú chun éirí amach, tré thíorántacht Stáit a imirt ar an bpobal. Theastaigh ó na Sasanaigh go mbeadh troid ann sara mbeadh sé ródheireanach; agus, ba é ba chiall leis sin sa chás áirithe seo, sara mbeadh an tír ar fad réidh chun troda, sara mbeadh na hÉireannaigh Aontaithe aontaithe i ndáiríre faoi cheannas cumasach agus faoin smacht míleata is féidir a bhaint amach ó dhiantraenáil. Theastaigh troid ó na Sasanaigh ach go háirithe sara dtiocfadh cabhair ón bhFrainc, cabhair ar nós na cabhrach a chuir na Francaigh ag triall ar Éirinn faoi Nollaig 1796, ach gur theip orthu dul i dtír i mBá Bheanntraí de bharr drochaimsire agus drochphleanála.

Ní féidir gan béim a leagan ar an iarracht seo a rinne an Ginearál Hoche agus Wolfe Tone dul i dtír le cabhlach ina raibh thart ar 14,000 saighdiúir oilte ag deireadh na bliana 1796. D'fhág 43 long an Fhrainc i mí Dheireadh Fómhair, agus cé nár shroich ach thart faoi 40% díobh Bá Bheanntraí roimh Nollaig, ba leor iad, ach an t-ádh a bheith orthu, le héirí amach mór millteach a thosú sa Mhumhain. Fiú más fíor nach raibh aon ró-eagar ná fonn éirí amach ar go leor de na Muimhnigh ag an am (más fíor don fhile Ó Longáin agus do lucht na staire féin), cheana féin áfach bhí scanradh ar na Sasanaigh. Chualathas caint sa Chaisleán cois Life agus go deimhin i Londain go raibh an iarracht seo chomh baolach le hionradh Armada na Spáinne dhá chéad bliain roimhe sin.

Bhí an Bhreatain agus Poblacht nua na Fraince i mbun cogaíochta ó 1793 i leith, agus anois bhí athbheochan déanta ar an mbaol a mheas an Sasanach riamh a bheith ag baint le hÉirinn mar chomharsa bhéal dorais. Is é sin le rá, go n-úsáidfeadh an Spáinn, an Fhrainc, nó cibé dream ar an Mór-Roinn a bheadh ag troid le Sasana, oileán na hÉireann mar bhunáit, mar ardán chun ionsaí a dhéanamh ar Shasana féin. Chun sin a sheachaint chreid na Sasanaigh gur cheart Éire a choinneáil go dlúth faoi chois, faoi mhíbhuntáiste trádála agus faoi smacht míleata. Agus, cé go raibh difríocht ann an uair seo, sa mhéid is gur réabhlóidithe an phoblachtais seachas rí Caitliceach éigin a bhí ag scaipeadh iarrachtaí na saoirse ón bhFrainc nua seo, bhí de bhaol breise ag baint le réabhlóid na Fraince go raibh sí in ainm is a bheith ag easpórtáil na réabhlóide ar fud na hEorpa, agus síleadh go mbeadh fáilte nach beag ag an gcosmhuntir roimh aisling na saoirse, an chomhionannais agus an bhráithreachais, go háirithe in Éirinn mar a raibh an-chuid den phobal brúite faoi chois le fada an lá.

Níor cheart a cheapadh, áfach, gurb iad na Caitlicigh bhochta amháin a chaill gach rud beagnach tar éis Chonradh briste Luimnigh. Ghoill na péindlíthe, a tugadh isteach ag tús na hochtú aoise déag, go mór ar na 'Dissenters' freisin; is é sin le rá, na haicmí creidimh Chríostaí eile seachas Protastúnaigh na hEaglaise Bunaithe, agus ghoill siad ach go háirithe ar an líon nach beag Preispitéireach de dhúchas na hAlban a bhí lonnaithe i gcúige Uladh ar feadh beagnach dhá chéad bliain, i gcásanna áirithe, sarar tharla Réabhlóid na Fraince. Le linn na hochtú aoise déag thug cuid mhaith de na Protastúnaigh neamhspleácha seo, a lonnaíodh in Ultaibh ó Albain, aghaidh ar Mheiriceá agus ar an saol nua oscailte Poblachtach a bhíothas ag iarraidh a chur ag fás in ithir nua an fhir ghil sa Sasana Nua, san oileán úd ar an taobh thall den Atlantach. Bhain seachtar de na hUachtaráin a bhí ag na Stáit Aontaithe sa chéad céad bliain dá stair le dúchas na bPreispitéireach Ultach seo, i bhfad sara raibh aon chaint ar John F. Kennedy. Pobal iad a raibh bunchreideamh an-láidir acu ach a bhí iontach neamhspleách ina mbreithiúnas agus daonlathach ón tús ina n-eagar eaglasta féin, sa mhéid is nach mbíodh, is nach bhfuil, aon chliarlathas acu, ach go dtoghtar a gcuid ceannairí eaglasta go daonlathach agus go rialta ar feadh tréimhse teoranta ama, ar feadh bliana go hiondúil.

Ba ó Mheiriceá, agus ó Réabhlóid na Stát i Meiriceá, a tháinig an chéad ghála poblachtachais go hÉirinn tar éis 1775. Ach ansin, fiche bliain ar aghaidh, bhí spiadóirí agus lucht faisnéise na Sasanach i gCaisleán Bhaile Átha Cliath ag fáil amach gur mó an fháilte a bhí roimh spiorad an réabhlóideachais i gcúige Uladh, i measc na bPreispitéireach, ach go háirithe, ná mar a bhí i measc na nGael Caitliceach thart ar Bhá Bheanntraí.

Ní féidir dul rómhion isteach i scéal an chúlra seo, ná le rianadh an tionchair a bhí ag Réabhlóid na Fraince féin ar Éirinn, an tionchar a bhí aige ar iarrachtaí síochánta Wolfe Tone agus a chairde sa Catholic Association chun cothrom na féinne a bhaint amach ag tús na 1790í. Tugadh faoiseamh nach beag do Chaitlicigh, maidir le cead vótála agus le sealús agus cúrsaí maoine, a luaithe is a chaill Rí na Fraince a chloigeann faoin ghilitín i mí Eanáir, 1793. Tá sé réasúnta soiléir go raibh an lucht údaráis scanraithe ag treo na gaoithe, ach a luaithe a bhris an cogadh amach idir an Fhrainc agus an Bhreatain i 1793, ba léir freisin go raibh an seanpholasaí céanna le feidhmiú feasta—cos ar bolg agus, ag an am céanna, géilleadh áirithe cearta agus pribhléidí, le maolú a dhéanamh ar an bhfaobhar chun réabhlóideachais.

Tharla mórchuid caismirtí seicteacha idir na Peep-o'-Day Boys agus na Defenders, in Ard Mhacha ach go háirithe, anuas go dtí 1795, mar ba é Ard Mhacha an contae in oirthear Uladh a bhí mar theorainn idir an chuid eile den tír agus an saol nua, éagsúil go pointe, a bhí ag fás cheana féin thart ar chathair Bhéal Feirste. An toradh a bhí ar an troid cháiliúil sin an Diamaint gar do Loch gCál (mar ar crochadh tríocha Defenders, lucht caillte an scliúchais) ná gur bunaíodh an tOrd Oráisteach ar an 21 Meán Fómhair, 1795, agus gur tugadh deis do na Protastúnaigh bhochta clárú le cumann a raibh uasaicme lucht na hEaglaise Bunaithe i gceannas air. Seo dream a raibh an ghráin acu ar Chaitlicigh de gach cineál, agus rún daingean acu an Protastúnachas agus na pribhléidí a bhain leis an gcreideamh sin ó Acht an tSocraithe (1688) agus an 'Réabhlóid Ghlórmhar', mar a thugtaí air, a chosaint go docht agus go tréan, ag an leibhéal náisiúnta agus ag an leibhéal áitiúil.

Tháinig fás agus forbairt faoin Oráisteachas láithreach, faoi scáth an amhrais agus na heagla a bhí ar lucht pribhléide trí chéile de thoradh Réabhlóid na Fraince. Ach is ceart a thuiscint *nach raibh* na Preispitéirigh, nó an chuid is mó acu ar aon nós, i measc lucht na pribhléide sin ag an am. Cinnte, ní raibh a gcás chomh holc leis na Caitlicigh bhochta a fágadh beo bocht, aineolach, gan aitheantas fiú sa dlí ar feadh cúpla glúin tar éis Luimnigh. Ach bhí gearáin mhóra, mar sin féin, ag na Preispitéirigh maidir le maoin agus seilbh talún, maidir le haitheantas dlí na ríochta a fháil dá bpóstaí ina gcuid searmanas eaglasta féin, maidir le cíos éigeantach, nó Deachúna, a bhí orthu a íoc leis an Eaglais Bhunaithe, Eaglais nár bhain leo, agus arís maidir le cearta vótála agus páirtíochta in imeachtaí rialtais áitiúil, san arm agus sa státchóras trí chéile.

Pobal aibí chun réabhlóide ba ea Preispitéirigh chúige Uladh, mar sin, faoi lár na 1790í. Seans gur mó an fonn chun troda agus chun éirí amach a bhí orthu ó tharla beagán dul chun cinn a bheith déanta acu, agus súil acu le tuilleadh, le hais na gCaitliceach a bhí ag bun an dréimire go fóill, cuid mhaith. Agus nuair a tháinig an t-am i samhradh na bliana 1798 d'éiríodar amach i gcúige Uladh, in Aontroim agus i gcontae an Dúin, ach go háirithe, in agóid ghonta, gharbh atá ina hábhar cainte ó shin, agus atá ina hábhar mórtais ag na hUltaigh a thuigeann an scéal; cé gur ceart a rá freisin go bhfuil iarracht nach beag déanta le dhá chéad bliain anuas an scéal céanna a scríobh amach as stair chúige Uladh, as stair na hÉireann, agus go deimhin féin as stair an phobail Phrotastúnaigh in Éirinn.

Ní mór filleadh ar an gcomhthéacs arís, mar is iomaí port agus casadh is féidir a chur ar Éirí Amach 1798 in Ultaibh, ní áirím in Éirinn trí chéile. Is ceart a mheabhrú, mar sin, gur trí cinn d'eachtraí a bhí san Éirí Amach, ar bhealach. Thosaigh sé i Loch Garman agus i gcontaetha in oirdheisceart Laighean ar an 23 Bealtaine, 1798, tar éis gur theip ar an bhfógra ginearálta a bhí pleanáilte ag na hÉireannaigh Aontaithe, agus a raibh Baile Átha Cliath mar lárphointe aige, mar gur gabhadh formhór na gceannairí. Níor éirigh cúige Uladh i dtús ama, ach oiread le go leor áiteanna eile ar fud na tíre. Ba é an rud ba mheasa a rinne na húdaráis le linn an fheachtais díoltais in aghaidh an phobail, a thosaigh i 1796 in oirthear Uladh, ná ciontú William Orr, feirmeoir láidir Preispitéireach ó chontae Aontroma, i ngeall ar mhóid na nÉireannach Aontaithe a cheangal le beirt shaighdiúirí airm. Shéan Orr an cúiseamh, cé nár shéan sé an seasamh láidir poiblí a ghlac sé sna blianta roimhe sin, faoi thionchar na nÉireannach Aontaithe, maidir le cearta agus saoirse, agus go háirithe maidir le comhchearta faoin dlí a thabhairt do Chaitlicigh chomh maith le Protastúnaigh, a dhream Preispitéireach féin san áireamh.

Cé gur chosain John Philpot Curran, abhcóide cáiliúil, Orr sa chúirt, fuarthas ciontach é agus crochadh é ar an 14 Deireadh Fómhair, 1797, i gCarraig Fhearghais. Bhí tuairim láidir i measc an phobail, ní hamháin go raibh Orr neamhchiontach, ach gur cuireadh triail cham air, mar chuid de bheartas polaitiúil Sasanach chun 'sampla' a dhéanamh den chás. Ina áit sin, rinneadh mairtíreach den fhear uasal a crochadh, agus ba mhinic ina dhiaidh sin an mana 'Remember Orr' ar bheola daoine, ní hamháin iad siúd a bhain leis na hÉireannaigh Aontaithe, ach dreamanna a raibh aon ghearán láidir acu in aghaidh an rialtais nó an státchórais trí chéile. Seans gurb é scéal seo William Orr i bhfómhar na bliana 1797, thar rud ar bith eile, a thug Preispitéirigh Aontroma agus an Dúin ar thaobh an Éirí Amach an bhliain dár gcionn.

Mar sin féin, bhí amhras agus mí-eagar agus fadhbanna eile ag cur as do na hÉireannaigh Aontaithe i gcónaí in earrach na bliana 1798, ainneoin traenáil áirithe a bheith déanta acu, cuid mhaith pící troda a bheith réitithe i ngan fhios, agus fáilte a bheith curtha ag na ceannairí Protastúnacha, Preispitéirigh a bhformhór, roimh Chaitlicigh isteach sa ghluaiseacht, de réir mar a thuig siad go raibh neart ag baint le huimhreacha i gcúrsaí cogaíochta, agus a fhios acu go maith go raibh taithí troda nach beag ag cuid de na Caitlicigh chéanna mar bhaill de na buíonta cosanta, na Defenders, a bhí i ngleic leis na hOráistigh le blianta roimhe sin.

Nuair a thosaigh an tÉirí Amach i Loch Garman ar an 23 Bealtaine, 1798, d'fhan Éireannaigh Aontaithe Uladh coicíos iomlán gan beart a dhéanamh. Thall i bPáras, mar a raibh Wolfe Tone ag iarraidh cabhlach míleata eile a chur le chéile le teacht i gcabhair ar na hÉireannaigh Aontaithe, bhí iontas air nár éirigh na hUltaigh amach. Scríobh sé ina dhialann:

> In all this business I do not hear one syllable from the North, which astonishes me more than I can express. Are they afraid? Have they changed their opinions? What can be the cause of this passive submission at this moment, so little suited to their former zeal and energy?

Seans nár thuig Tone an lagmhisneach a tháinig ar dhaoine áirithe nuair a gabhadh ceannairí na nÉireannach Aontaithe sna míonna roimhe sin, agus an meascán mearaí agus easpa cinnireachta a lean, ach go háirithe, ó ghabháil, ghortú agus, ar deireadh thiar, ó bhás an Tiarna Edward Fitzgerald ar an 4 Meitheamh, 1798.

Dá mbeadh teagmháil cheart ag Tone leis an mbaile ag an am, thuigfeadh sé freisin, b'fhéidir, go raibh lucht an Éirí Amach in Ultaibh, ach go háirithe, ag fanacht go cíocrach le cúnamh ón bhFrainc. Go deimhin, chreid cuid de na ceannairí nárbh fhiú éirí amach gan an cúnamh sin a bheith tagtha. Bhí Robert Simms, Aidiúnach Ginearálta na bhfórsaí Poblachtacha i gcontae an Dúin, glan in aghaidh éirí amach freisin, gan, ar a laghad, scéala cinnte a bheith faighte acu ón bhFrainc.

Ach le Lord Edward ar leaba a bháis, agus Samuel Neilson (bunaitheoir agus eagarthóir an *Northern Star*, nuachtán oifigiúil na nÉireannach

Aontaithe nuair a bhíodar fós os cionn talún ag tús na nóchaidí) díbeartha thar lear, bhí easpa cumarsáide nár bheag le ceannasaíocht na gluaiseachta cois Life, fiú nuair a loisceadh an cóiste a bhí ag dul go Béal Feirste i dtuaisceart Bhaile Átha Cliath ar an 23 Bealtaine, 1798. Ba é loisceadh seo na gcóistí an leid rúnda a bhí in ainm is a bheith ann le deimhniú do na reibiliúnaithe ar fud na gcontaetha éagsúla go raibh sé in am éirí amach. Ach tar éis 23 Bealtaine, i gcontae an Dúin, thionóil Simms sraith cruinnithe sna hionaid a bhí socraithe go rúnda tamall roimhe sin, mar chuid d'iarracht chun comhaontú éigin a bhaint amach. Ach theip air a chuid oifigeach a thabhairt ar aon intinn agus d'éirigh sé as an gceannasaíocht de phreib. Níor thángthas ar aon réiteach maidir le comharba, mar cheannaire nua, ag an gcruinniú deireanach ar Shliabh Bhaile na Buaille ar an 3 Meitheamh, ach cinneadh, ar vóta, gan dul ar aghaidh le haon éirí amach go dtí go dtiocfadh cabhair ón bhFrainc.

Scaip scéal seo an Dúin go Baile Uistín i gcontae Aontroma, mar a raibh ceannairí na nÉireannach Aontaithe ag fanacht ar scéala. Bhí an scéal go léir ina chíor thuathail go dtí gur toghadh Henry Joy McCracken ó Bhéal Feirste le bheith ina Cheannasaí Ginearálta. Protastúnach de shliocht Úgóineach ab ea Henry Joy, a raibh cúram muillinn chadáis air i mBéal Feirste, fear a bhí istigh ar bhunú na nÉireannach Aontaithe ón tús, i gcomhar le Thomas Russell i 1791. Ní raibh ach cúpla uair a chloig aige anois áfach le plean troda a chur le chéile. Chinn sé ar ionsaí a dhéanamh ar bhaile Aontroma ar an 7 Meitheamh 1798, le buíonta Poblachtacha ó Bhaile Raghnaill, Bealach Cláir agus Béal Feirste féin, ar ndóigh. Ba cheart a mhíniú, b'fhéidir, gurb é baile Aontroma a bhí mar bhaile an chontae ag an am, agus cé go raibh Béal Feirste cheana féin ag fás agus ag forbairt go tréan faoi thionchar na Réabhlóide Tionsclaíche a bhí ag teacht sa chéad dul síos ar tháirgíocht teicstíle sa bhaile, nach raibh de thábhacht léi i saol na tíre nó go deimhin i saol chúige Uladh féin ach faoi mar a mheasfaí le Cill Chainnigh, Trá Lí nó Inis, b'fhéidir, i saol an lae inniu.

D'eisigh McCracken a Fhógra Airm ar an 6 Meitheamh, ar 'The First Year of Liberty', mar a scríobh sé féin, ag dearbhú go poiblí roimh ré go raibh sé i gceist acu Aontroim a ionsaí an lá dár gcionn, agus ag gríosú an 'Army of Ulster', faoi mar a dúradh, 'to drive the garrison of

Randalstown before you'. Maidin mhoch an lae dár gcionn, 7 Meitheamh, 1798, d'ardaigh Henry Joy an bhratach ag seanchaisleán Normannach láimh le Teampall Phádraig, agus as go brách leis féin agus lena chuid fir ansin i ndrúcht na maidine agus an 'Marseillaise' á chasadh acu! Bhí an lasair sa bharrach in Ultaibh ar deireadh thiar.

Maireann cuimhne na hócáide i mbéaloideas Aontroma mar 'the day of the turn-out'. Ba ghearr gur bhailigh slua maith reibiliúnaithe, idir lucht pící agus dhaoine a rabh muscaeid acu, ainneoin na tromaíochta a bhí déanta ag na húdaráis ar bhailte agus sráidbhailte beaga dheisceart Aontroma an bhliain roimhe sin. Bhí rud eile ag an nGinearál Nugent, ceannnasaí na Sasanach in Ultaibh faoin am seo, áfach; is é sin, fianaise agus faisnéis faoi gach gné de phlean an Éirí Amach agus eolas faoi na daoine a bhí páirteach ann. Chomh luath agus a thuig na Sasanaigh go raibh baol ar éirí amach in Ultaibh, rinne Nugent cinneadh coinsiasach Béal Feirste a chosaint ach go háirithe. Agus nuair nár tharla éirí amach i mBéal Feirste féin, chuaigh Nugent sa fhiontar agus sheol sé dhá cholún de shaighdiúirí, 'yeomen' agus lucht an mhílíste, go baile Aontroma féin. D'éirigh lena bheart. Bhí McCracken rómhall ag gabháil an bhaile, agus tar éis tráthnóna throda a bhí fíochmhar agus fuilteach, b'éigean do na hÉireannaigh Aontaithe cúlú. Chuir an cúlú seo lagmhisneach ar go leor daoine eile, go háirithe ó choinnigh na húdaráis smacht ar Dhroichead Thuama—rud a stopfadh aon tacaíocht láidir ó lár chúige Uladh, ag trasnú na Banna ó thuaidh ó Loch nEachach. Rinne lucht na bpící iarrachtaí fánacha eile thart faoin mBaile Meánach sna laethanta díreach i ndiaidh an 'turn-out' ar an 7 Meitheamh, ach is í fírinne an scéil gur socraíodh cinniúint an Éirí Amach i gcontae Aontroma laistigh de sheachtain ón am a thosaigh sé sa chontae sin.

Scéal eile a bhí ann i gcontae an Dúin, áfach. Nuair a chinn Robert Simms fanacht go dtí go dtiocfadh na Francaigh, d'éirigh sé as teagmháil agus plé a dhéanamh leis na ceannairí áitiúla eile sa chontae a bhí i mbaol a n-aithint, gan amhras (mura raibh eolas spiadóireachta a ndóthain ag na húdaráis, cheana féin). Chuaigh ceannaire eile, an tUrramach Steel Dickson, thart ag ligean air féin go raibh sé i mbun misinéireachta, ach gabhadh eisean ar an 5 Meitheamh. Bhí scéal na nÉireannach Aontaithe trí chéile i gcontae an Dúin anois, freisin, rud a d'fhág nár éiríodh amach sa deireadh go ceann trí lá tar éis na troda in Aontroim. Áitíodh ar ghrúpaí éagsúla éirí amach, de réir a chéile, ar fud thuaisceart an Dúin, i laethanta tosaigh an Mheithimh, agus faoin 11 Meitheamh bhí na sluaite bailithe i lár an chontae, mar ar thogh siad Henry Munro, siopadóir línéadaigh as Lios na gCearrbhach, mar Cheannasaí.

Eisíodh fógraí ag iarraidh ar dhaoine tacaíocht a thabhairt don rud ar ar tugadh 'the Liberty War', ach shocraigh Munro a neart a bhailiú láimh le Baile na hInse, mar a raibh ceanncheathrú aige ar chnocán ar eastát an Tiarna Moira. An lá dár gcionn, an 12 Meitheamh, d'fhág an Ginearál Nugent Béal Feirste faoi chúram na Yeomen, garda cúltaca, agus óglaigh Oráisteacha, agus mháirseáil sé amach i dtreo Bhaile na hInse le colún saighdiúirí rialta agus míliste cáiliúil Mhuineacháin. Nuair a shroich sé Baile na hInse le titim na hoíche, ghlac sé seilbh ar chnocán láimh leis an áit ina raibh na reibiliúnaithe cruinnithe. Dealraíonn sé go raibh easaontas áirithe i measc cheannairí na nÉireannach Aontaithe. Ba léir go mbeadh sos de dhíth ar thrúpaí Nugent agus nach rachadh sé i mbun catha i ndáiríre go dtí an mhaidin dár gcionn. Rinne míliste Mhuineacháin ionsaí ar chuid den bhaile agus d'ól go leor acu an iomarca den deoch a ghabh siad ann. Mheas cuid de cheannasaíocht Mhunro gur cheart iad a ionsaí le linn na hoíche, nuair a bhí siad fós maith go leor, de réir gach cosúlachta. Ach chinn Munro an t-ionsaí a dhéanamh le breacadh an lae.

D'éirigh go seoigh leis an iarracht i dtús ama. Thiomáin na hÉireannaigh Aontaithe buíon Mhuineacháin siar isteach sa phríomhshráid i mBaile na hInse, agus mharaigh siad an ceannaire a bhí orthu, an Caiptín Henry Evatt. Chomh luath agus a tharla sin, shíl siad ón séideadh a rinneadh ar adharc Arm na Sasanach go raibh siad ag cúlú tuilleadh. A mhalairt a tharla. Rinne trúpaí Nugent frithionsaí, ar éirigh leis, agus theich na reibiliúnaithe ina sluaite i dtreo shléibhte dheisceart an Dúin. Rinneadh slad mór orthu, agus iad ag teicheadh, cé go ndeirtear gur ordaigh an Ginearál Nugent a mhalairt d'iompar. I measc na ndaoine a maraíodh sa sléacht bhí bean óg, Betsy Gray, a dearthair, agus a leannán—cás tragóideach atá beo i gcónaí i stair sheanchas an Dúin go dtí an lá inniu féin.

Ba é Cath Bhaile na hInse an cath ba mhó a tharla in Ultaibh le linn

1798, cé nach raibh sé chomh fuilteach ná chomh fíochmhar le cuid den troid i Loch Garman, ag Ros Mhic Thriúin, mar shampla. Chuir Baile na hInse deireadh leis an Éirí Amach ó thuaidh, éirí amach a bhain leis an aicme Phreispitéireach den chuid is mó ar fad, agus a bhí teoranta don dá chontae soir ón Bhanna, Aontroim agus an Dún. Níor mhair an rud ar fad níos faide ná ocht nó deich lá, ar a mhéid, agus tháinig an troid chun críche seachtain roimh dheireadh na troda, a mhair ar feadh míosa, i Loch Garman.

Tar éis na troda, lean an gnáthshlad a bhain le díoltas na Sasanach le linn 1798 ar fad. Gabhadh McCracken agus Munro agus crochadh iad. Cuid de na ceannairí eile, ar mhinistrí Preispitéireacha iad, an tUrramach William Dickson Steel agus Robert Simms, mar shampla, thug siad na cosa leo ón gcroich, toisc, a deirtear, nach bhféadfaí daoine a fháil a thabharfadh fianaise ina n-aghaidh. Ach crochadh an tUrramach James Porter láimh lena theach pobail féin ar an Mainistir Liath, contae an Dúin, ar fhianaise bhréige. Bhí sé ina bhall de na hÉireannaigh Aontaithe ón tús, agus scríobh sé aortha don *Northern Star* a bhí géar go maith ar lucht rialtais, ach níor ghabh sé aon pháirt ghníomhach san Éirí Amach féin, mar a cuireadh ina leith. Cás eile, b'fhéidir, inar léirigh na húdaráis, trína ndrochobair féin, gur treise go minic an peann ná an piléar, ná go deimhin an píce féin, sa deireadh.

Meastar gur ghlac thart ar scór ministir Preispitéireach páirt san Éirí Amach in Ultaibh. Tugadh cead do chuid acu éalú go Meiriceá tar éis na teipe. Seans gur moladh do chuid eile acu glanadh leo! Seans go raibh athrú ag teacht ar mheon agus ar sheasamh polaitíochta go leor de na Preispitéirigh fiú roimh 1798, de réir mar a bhí an caighdeán maireachtála ag feabhsú, an eacnamaíocht ag forbairt, thart ar Bhéal Feirste, pé scéal é; agus go háirithe de réir mar a maolaíodh tuilleadh ar na laincisí ba mhó ba chúis leis an bhflosc chun réabhlóide a bhí ar roinnt de na 'Dissenters' in aimsir Wolfe Tone. Fágtar faoi údair agus faoi ócáid eile an scéal áirithe seo a phlé, mar aon le torthaí an Éirí Amach i bpolaitíocht na tíre, agus go háirithe an t-athrú saoil a tháinig nuair a ritheadh Acht na hAontachta cúpla bliain tar éis 1798. Faoin am a cuireadh an chéad leasú suntasach i bhfeidhm i bParlaimint Westminster sa bhliain 1832, bhí athrú iomlán beagnach tagtha ar thuairim thromlach na bPreispitéireach in Éirinn, agus in Ultaibh, faoin áit ina mbeadh a leas polaitiúil le fáil feasta. Ach faoin am sin, ar ndóigh, bhí deireadh leis an leatrom a bhíodh ann maidir le cearta vótála agus a leithéid, fiú má chiallaigh an t-athrú saoil seo go raibh cead ag Caitlicigh freisin suí sa Pharlaimint anois.

Is ceart focal beag deiridh a rá, is dócha, faoi na contaetha eile i gcúige Uladh, seachas Aontroim agus an Dún, in eachtra 1798. Ní heol dom go bhfuil aon soláthar mór seanchais, béaloideasa ná amhráin faoi 1798 le fáil i dtraidisiún Gaeilge Dhún na nGall, mar atá agus mar a bhí, mar shampla, i nGaeltachtaí Mhaigh Eo agus i nGaeltachtaí laga oirthear na Mumhan fiú amháin. Tá scoláirí reatha i mbun taighde agus iad ar thóir fianaise a léireodh cé acu an raibh nó nach raibh cuid éigin de spiorad 1798 agus den teacht le chéile idir aicmí éagsúla creidimh, mar a bhí i mBéal Feirste, le fáil i nDoire agus a cúltír, chomh maith, ag deireadh na hochtú aoise déag. Dealraíonn sé áfach gur mó go mór atá an chosúlacht ar an scéal go raibh an dá phobal deighilte ar bhonn na coimhlinte, idir an seanreacht agus na plandóirí, atá le fáil in aislingí fhilí Uladh, agus go raibh tromlach mór an phobail Chaitlicigh Ghaelaigh ar fud Uladh chomh leisciúil faoi ghlacadh le prionsabail an Éirí Amach sa Fhrainc is a bhí pobal mór Ghaeltacht na Mumhan ag an am.

Ní hé sin le rá go raibh an chosmhuintir dall ar fad ar aisling Tone agus a chompánaigh, cé nach raibh a fhios ag mórán acu, déarfainn, gur gabhadh 'athair an Phoblachtachais' in Éirinn nuair a gabhadh Tone in éide réabhlóideach Arm na Fraince, i Loch Súilí i mí Dheireadh Fómhair, 1798. Faoin am sin, ar ndóigh, bhí teipthe ar an dara hiarracht Fhrancach a tháinig i dtír i gCill Ala i Maigh Eo, Lúnasa, 1798. Maireann draíocht na heachtra sin ar bhéalaibh agus in intinn na ndaoine fós, mar a mhaireann cuimhne agus mórtas níos ginearálta faoi Éirí Amach 1798, fiú más teip thubaisteach, fhuilteach a bhí ann. Ní féidir tionchar 1798 ar ár stair ó shin i leith a shéanadh, agus ní féidir an pháirt mhór a bhí ag Ultaigh, Preispitéirigh ach go háirithe, san Éirí Amach, a shéanadh ach an oiread. Ná bíodh aon leisce orainn tabhairt faoi 1798 agus a hoidhreacht a mheas. Ach bíodh an plé oscailte, fairsing, macánta, uileghabhálach, mar is ceart é a bheith i gcónaí i gcás ceisteanna staire den chineál seo.

Leabharliosta

Crawford, W.H. & Trainor, B. (eag.), *Aspects of Irish Social History 1750-1800* (Béal Feirste, 1969).

Gahan, D. J., *Rebellion! Ireland in 1798* (B.Á.C., 1997).

Hawthorne, J. (eag.), *Two Centuries of History* (Béal Feirste, 1966).

McEvoy, B., 'The United Irishmen in Co.Tyrone' in Ó Muirí (eag.), *Seanchas Ard Mhacha* (1998).

Ó Buachalla, B., *I mBéal Feirste Cois Cuain* (B.Á.C.,1968).

Ó Gadhra, N., *Ríocht Roinnte* (Cathair na Mart, 1985).

Ó Saothraí, S., *Mná Calma '98* (B.Á.C., 1966).

Póirtéir, C. (eag.), *The Great Irish Rebellion of 1798* (Corcaigh & B.Á.C., 1998).

Power, P. C. *The Courts Martial of 1798-99* (Cill Chainnigh, 1998).

Probert, B., *Beyond Orange and Green* (B.Á.C., 1978).

Stewart, A.T.Q., *The Summer Soldiers: The 1798 Rebellion in Antrim & Down* (Béal Feirste, 1995).

—, *The Narrow Ground* (Béal Feirste, 1997)

Síle Uí Mhaoluaidh

Scoláire a bhfuil saineolas faoi leith aici ar an gcaidreamh idir Éire agus an Fhrainc sa seachtú agus san ochtú haois déag. Cuid mhór buntaighde déanta aici ar an ábhar seo. Scríobh sí *O'Malley People and Places*. Í ina heagarthóir faoi láthair ar an iris staire *Cathair na Mart*, an baile ina bhfuil cónaí uirthi féin.

1798 I GCONNACHTA

Agus muid ag comóradh Éirí Amach 1798, ní mór dúinn breathnú siar ar staid na tíre i rith na tréimhse ó 1795 i leith, agus ní mór dúinn chomh maith smaoineamh nárbh ionann an staid i ngach cúige den tír ag an am. B'in fáth amháin ba chúis le héagsúlacht chomh mór sin a bheith idir eachtraí an Éirí Amach i ngach cúige acu. Tá fúm san aiste seo trácht ar an Éirí Amach, mar a tharla i gcúige Chonnacht dhá chéad bliain ó shin.

Cérbh é staid na hÉireann roimh an Éirí Amach? Bhí na Péindlíthe i bhfeidhm ó thús an chéid, ach tháinig maolú orthu ón mbliain 1778 i leith. Ba bheag an faoiseamh, ámh, a thug Acht na bliana sin do na Caitlicigh. Ach sa bhliain 1793 thug Acht an Phríomh-Rúnaí Hobart faoiseamh tábhachtach don mheánaicme Chaitliceach. Mar thoradh ar Acht Hobart fuair na Caitlicigh faoiseamh ó bheagnach gach dlí éagórach a bhí i bhfeidhm roimhe sin, ach amháin nach raibh cead fós ag Caitlicigh suí sa Pharlaimint, ná glacadh le post sa rialtas ná sa Stát, ná bheith ina nginearáil san arm. Constaicí iad seo a ghoill go mór, b'fhéidir, ar dhaoine a raibh maoin an tsaoil acu, agus nach raibh sásta cur suas a thuilleadh lena leithéid d'éagóir. Ach bhí tromlach na gCaitliceach, idir chléir is thuata, sásta go maith leis an Acht, agus d'fhanadar dílis don rialtas ar eagla go dtiocfadh na hAirí ar mhalairt intinne, agus go mbeadh gach rud caillte acu tar éis a raibh fulaingthe acu le blianta fada roimhe sin. Agus, ar an taobh eile, bhí an rialtas lánsásta leis an margadh a rinneadar, margadh a dheimhnigh dílseacht na gCaitliceach fiúntach, fad is a bhí cogadh ar siúl ag an mBreatain in aghaidh na Fraince.

Ach bhí spiorad na saoirse ag borradh ag an am. Thosaigh Cogadh na Saoirse i Meiriceá sa bhliain 1775 agus Réabhlóid na Fraince sa bhliain 1789, agus ní fhéadfadh na hÉireannaigh éalú ó thionchar na mórghluaiseachtaí úd, ach oiread le pobal ar bith san Eoraip. Bhí na Péindlíthe ag brú go trom ar Phreispitéirigh Uladh ó thús an chéid sin, agus meastar go ndeachaigh suas le 300,000 díobh go Meiriceá i rith an ochtú céad déag. Bhí nimh san fheoil acu do rialtas Shasana de bharr an leatroim a rinneadh orthu agus níorbh aon ábhar iontais d'éinne iad a bheith ag troid taobh le taobh leis na cóilínigh eile thall in aghaidh rí agus cheannas Shasana. Maidir leis na Preispitéirigh úd a d'fhan sa bhaile, dream neamhspleách a bhí iontu, dream a bhí an-tugtha don radacachas, agus chorraigh Réabhlóid na Fraince iad go smior. Bhíodar an-ghníomhach ins na hÓglaigh, agus ina dhiaidh sin chuireadar na múrtha fáilte roimh na hÉireannaigh Aontaithe.

Ach bhí gluaiseacht mhór eile sa tír ag an am, a raibh tábhacht faoi leith aici i stair na tíre, agus ba í an ghluaiseacht seo an ceann a dtugtar 'Defenderism' uirthi. D'fhás an 'Defenderism' seo i gcúige Uladh ón gcoimhlint sheicteach a bhí ann idir na Caitlicigh agus na Protastúnaigh úd a dtugtar 'Peep-o'-Day Boys' orthu. Bhí an daonra ag dul i méid faoi na 1780í, agus bhí na Caitlicigh ag éirí níos saibhre. Is é rud a tharla dá bharr seo go raibh géariomaíocht idir an dá dhream maidir le tionscal an línéadaigh agus an géarbhrú chun talamh a fháil ar cíos. Bhí an bua ag na Protastúnaigh sa choimeascar a dtugtar Cath an Diamaint nó 'the Battle of the Diamond' air, in Ard Mhacha ar an 29 Meán Fómhair, 1795. An lá céanna bunaíodh an tOrd Oráisteach. Go gearr ina dhiaidh sin cuireadh an ruaig ar suas le 4,000 Caitliceach, nó níos mó b'fhéidir, ó chontaetha Ard Mhacha agus Mhuineacháin, siar go cúige Chonnacht.

Cé gur féidir a rá i dtéarmaí ginearálta gur bhain mórchuid na nÉireannach Aontaithe leis an meánaicme agus go raibh cónaí orthu i mbailtí, is gá a rá, ar an láimh eile, gur bhain na 'Defenders' leis an ísealaicme, agus go raibh cónaí ar a bhformhór faoin tuath. Bhí an t-idirdhealú idir na haicmí an-láidir ag an am úd, nuair ab ionann maoin an tsaoil agus cumhacht, agus nuair nár fhéad an fear bocht ná an Caitliceach bheith páirteach i rialú na tíre. Is suntasach an méid Caitliceach a d'iompaigh chun an Phrotastúnachais san ochtú céad déag, nuair ab fhollas dóibh nach raibh aon slí eile acu le greim a choinneáil ar a gcuid tailte, ná dul chun cinn a dhéanamh sa saol. B'in an chúis ba mhó faoi dear an titim thubaisteach a tharla sa chéad sin ar líon na gCaitliceach a raibh seilbh dhlíthiúil acu ar a gcuid feirmeacha. Meastar go raibh talamh na hÉireann ar fad, nach mór, i seilbh 5,000 Protastúnach sa dara leath den ochtú céad déag.

Anois, breathnaímis ar na haicmí a bhí páirteach san Éirí Amach ins na cúigí eile—Uladh agus Laighean—a raibh baint mhór acu le heachtra na bliana cinniúnaí úd. Cé go raibh na Defenders an-líonmhar ar fad i gcúige Uladh, níor ghlac siad páirt rómhór ins an Éirí Amach sa chúige áirithe sin. Caitlicigh a bhí iontu, agus ní raibh an chuid is mó acu róthógtha le ceisteanna polaitiúla. Dream bocht a bhí sa tromlach acu, agus bhí cúrsaí talún agus oibre, chomh maith le cánacha agus deachúna, ag goilliúint i bhfad níos mó orthu ná mar a bhí ceisteanna faoi cé acu an mbeadh siad in ann postanna arda a bhaint amach mar fheisirí parlaiminte nó céim ard a bhaint amach sa státseirbhís nó san arm.

Ar an láimh eile, bhain na hÉireannaigh Aontaithe go príomha leis an meánaicme, agus cé gur theastaigh uathu Parlaimint na hÉireann a bheith neamhspleách, agus deireadh ar fad a bheith curtha leis na péindlíthe, ní réabhlóid shóisialta, mar a bhí tarlaithe sa Fhrainc, a bhí ar intinn ag an mórchuid díobh. Agus bhí a lán eile acu nach raibh sásta troid ar son a dtuairimí gan cabhair a bheith ar fáil ón Fhrainc. Ní hionann sin is a rá nár sheas Preispitéirigh Uladh an fód nuair a tharla an choimhlint sa deireadh. Ach bhí a lán de na ceannairí ar iarraidh nuair a tháinig an lá, agus níor tharla an t-aontas idir Defenders agus Éireannaigh Aontaithe a rabhthas ag súil leis.

Caitlicigh is mó a bhí páirteach sa choimhlint i Loch Garman, cé go raibh a lán Protastúnach ina measc; agus, ar ndóigh, bhí ceannairí Protastúnacha orthu chomh maith le ceannairí Caitliceacha. Maidir le líon na ndaoine a ghlac páirt san Éirí Amach, agus a fuair bás sa choimhlint, bhí tábhacht faoi leith ag baint leis an scéal mar a tharla sé i Loch Garman. Ach, lasmuigh den chontae sin, agus ceantair áirithe de chontaetha eile a bhí teorainn ar theorainn le Loch Garman, ní féidir a rá go raibh an tÉirí Amach i gcúige Laighean de réir mar a bhí leagtha amach ag ceannairí na nÉireannach Aontaithe i mBaile Átha Cliath. Ba pholaiteoirí na ceannairí seo, agus ní raibh ach fíorbheagán díobh a raibh taithí acu ar chogadh nó fíorbheagán eolais acu faoi bheartaíocht chogaidh. Ba é Lord Edward Fitzgerald an ceannaire míleata ba mhó le rá ina measc; ach bhí deireadh le pé treoir a bheadh acu nuair a gabhadh Lord Edward ar an 19 Bealtaine, is é sin, cúpla lá roimh an lá a bhí socraithe don Éirí Amach, an 23 Bealtaine. Rugadh ar na ceannairí eile seachtain roimhe sin, ar an 12 Bealtaine.

Ar chaoi ar bith, bhí deireadh nach mór leis an gcoimhlint faoi dheireadh mhí Iúil. Bhí an rialtas slán sábhailte arís, agus bhí díoltas á bhaint amach orthu siúd a raibh sé de dhánaíocht iontu éirí amach in aghaidh na héagóra. Ach ag deireadh mhí Lúnasa tháinig scéala ó chúige Chonnacht a chuir isteach go mór ar shuaimhneas intinne na droinge ceannais i gCaisleán Bhaile Átha Cliath.

Go dtí sin, bhí chuile rud go ciúin socair sa chúige, de réir cosúlachta. Bhí na daoine go beo bocht san iargúltacht, an Ghaeilge mar theanga laethúil ag a bhformhór. Bhí fíorbheagán teagmhála acu, mar sin, le bolscaireacht na nÉireannach Aontaithe. Ach bhí an daonra ag dul i méid in aghaidh an lae, agus an talamh go léir, beagnach, i lámha tiarnaí talún, a raibh teanga agus creideamh eile acu seachas mar a bhí ag na gnáthdhaoine, agus go raibh cuid acu nach raibh cónaí orthu sa tír, fiú amháin, ach ar feadh cúpla mí sa bhliain. Mar sin, thosaigh na daoine ag éisteacht le teachtaireacht na Defenders, go mór mhór i dtuaisceart agus in oirthear chontae Mhaigh Eo. Chomh maith leis sin, tháinig méadú mór ar líon na Defenders le teacht na ndídeanaithe ó chúige Uladh don chontae sa bhliain 1796. Is cinnte go raibh baint ag a lán acu siúd leis na Defenders, agus go raibh tionchar acu, freisin, ar mhuintir na háite féin.

Bhí difríocht thábhachtach eile idir Connacht agus na cúigí eile. Bhí a lán miontiarnaí talún i gcúige Chonnacht a chloígh i gcónaí leis an gcreideamh Caitliceach. Ó tosaíodh ar mhaolú na bpéindlíthe bhí ag éirí go maith le cuid den dream seo. Sliocht daoine uaisle ar cuireadh an ruaig orthu thar an tSionainn anoir de réir réitigh Chromail a bhí i gcuid acu, agus shíolraigh mórán eile díobh ó cheannaithe saibhre na Gaillimhe, ar éirigh leo, tré neart a gcuid sparán agus eolas maith ar an dlí, réimsí móra talún a cheannacht i gcontaetha na Gaillimhe agus Mhaigh Eo. Ach daoine cúramacha, críonna ba ea na Caitlicigh seo go hiondúil, agus b'amhlaidh ach go háirithe ón uair ar tharla an ghéarleanúint ar a dtugtar na 'pacification measures' sa bhliain 1796. Bhí an Bhreatain ag troid in aghaidh na Fraince ag an am, agus cuireadh Lake, Carhampton agus ceannairí eile nach iad chuig ceantair éagsúla sa tír, agus gach cead acu pé ar bith rud ba mhian leo a dhéanamh in aghaidh duine ar bith a cheap siad a bheith claonta i bhfabhar éirí amach, nó a raibh na saighdiúirí ainrianta in amhras air. Ach, céasadh, chomh maith, daoine cneasta nach raibh rud ar bith eile ar intinn acu ach bia a sholáthar dóibh féin agus dá gcúram.

Chuir na 'pacification measures' seo faitíos ar go leor, agus fearg ar bhuíon áirithe. Bhí dream amháin in aghaidh tabhairt faoi Éirí Amach gan cabhair láidir a bheith ar fáil ón Fhrainc; bhí dream eile den tuairim go gcaithfí tabhairt faoi réabhlóid mar gurbh fhacthas dóibh nach raibh aon mhodh eile fágtha acu le feabhas a chur ar anró an tsaoil a bhí ag éirí níos déine in aghaidh an lae.

Bhí aicme eile fós i measc na gceannairí i gcúige Chonnacht. Ba iadsan na hiarsmaí de 'Chlanna Gael' a bhí fágtha fós ar fuílleach na dtailte móra úd a raibh seilbh ag a sinsir orthu céad go leith bliain roimhe sin. D'fhan muintir na háite dílis dóibh, i gcuimhne ar an tseanaimsir, agus bhíodar réidh lena leanúint, dá dtiocfadh choíche an lá. Ina measc siúd, bhí muintir Uí Dhubhda ó Mhuine Chonalláin, muintir Uí Dhónaill ó Pholl an tSómais, agus na Máilligh ón gCnoc agus ó Bhuiríos Umhaill.

Tógadh an Caiptín Séamus Ó Dubhda san Ostair, áit a raibh a athair ina oifigeach airm pósta le hiníon barúin. Nuair a tháinig an mac ar ais go hÉirinn, tugadh an Bárún Ó Dubhda air, mar go raibh an teideal sin ag a sheanathair. Tháinig sé isteach go Béal an Átha i gceannas buíne dá chuid tionóntaí agus dá chomharsana, chun buaileadh le Humbert nuair a bhí an Ginearál Francach sin ar an mbaile. Is cosúil go ndearna Ó Dubhda éacht ag Cath Chúil Mhaoile ar an 5 Meán Fómhair. Gabhadh é ag Cath Bhaile na Muc, agus crochadh é ina dhiaidh sin.

Caiptín eile ba ea Fearadhach Ó Dónaill, a raibh cónaí airsean, freisin, i dtuaisceart Mhaigh Eo. Rinne seisean éacht i gCill Ala, áit a raibh sé ina bhall de Choiste Cosanta an bhaile. Ar feadh míosa bhí mar chúram air bia a sholáthar do mhuintir na háite agus na dílseoirí a chosaint ar dhíoltas agus ar mhí-ord na gceannairceach. Maraíodh é sa deireadh nuair a gabhadh ar ais an baile ag fórsaí an rí. Ba chúis mhór bhróin bás an fhir óig stuama seo. Bhí brón ar an Easpag Stock, fiú amhain, nuair a scríobh sé féin ag an am: 'he [Stock] could not forget the services he had rendered to the town by frequently hazarding his person to restrain plunderers'.

Clann ársa eile ba ea Clann Uí Mháille, agus bhí ceannairí den ainm sin le fáil ar an dá thaobh. Bhí an coirnéal Aibhistín Ó Máille as Buiríos Umhaill agus a dhearthair, Seosamh, ag troid ag Cath Bhaile na Muc: ar ámharaí an tsaoil d'éirigh leis an mbeirt acu éalú ó pháirc an áir. Chuaigh Aibhistín chun na Fraince agus chuaigh isteach in Arm Bonaparte. Tugadh ardú céime (go Briogáidire-Ginearál) dá mhac, Pádraig, de bharr a chrógachta ag Cath Magenta sa bhliain 1859. Ní raibh an t-ádh céanna, áfach, le Séamus Bán Ó Máille ón gCnoc, a bhí páirteach sa choimhlint lena dheartháir óg, Alastar, iad gaolta le Máilligh Bhuiríos Umhaill. Bhí an bheirt acu ag troid ag Cath Bhaile na Muc, chomh maith, áit ar gabhadh iad. Crochadh an Caiptín Séamus, ach fuair a dheartháir pardún ón rí.

Ar thaobh an rialtais, bhí gaolta eile : Samuel Ó Máille ar tugadh céim ridire dó sa bhliain 1804 de bharr gach a ndearna sé in aghaidh na gceannairceach i 1798, agus Seoirse Ó Máille as Spencer Park i gCaisleán an Bharraigh, a bhí ina oifigeach airm nuair a ghabh Humbert an baile sin. Ina dhiaidh sin bhí sé ina cheannasaí in Arm na Breataine ag Cath Waterloo sa bhliain 1815. Goineadh é faoi dhó an lá sin, agus bronnadh suaitheantas air dá bharr. Rinneadh maorghinearál de sa bhliain 1841. Is féidir a rá, mar sin, go raibh cuma an chogaidh chathartha ar an Éirí Amach seo, ar mhórán bealaí—aicme in aghaidh aicme, dream amháin den phobal in aghaidh dreama eile, agus, níos measa fós, bráthair in aghaidh bráthar agus gaol in aghaidh gaoil.

Bhí clanna eile ann nach raibh lonnaithe chomh fada i gcúige Chonnacht is a bhí na sean-Ghaeil. Ach clanna Caitliceacha a bhí iontu agus faoi dheireadh an ochtú chéad déag ba dheacair idirdhealú glan a dhéanamh idir an dá dhream. I measc an dreama seo, bhí na ginearáil Beilliú, de Bláca agus Mac Dónaill. Bhí an Coirnéal Maitiú Beilliú ina oifigeach in Arm na hOstaire, ach goineadh go dona é ag ionsaí Belgrade sa bhliain 1789, agus bhí air teacht ar ais go hÉirinn, áit a raibh deartháir leis ina easpag Caitliceach i gCill Ala. Rinne Humbert ginearál de, agus chuir sé i gceannas é ar na ceannaircigh i gCill Ala agus sa dúthaigh máguaird. Ach ba léir sar i bhfad nach raibh sé in acmhainn dá chuid dualgais, agus ceapadh Fearadhach Ó Dónaill ina áit. Sheas Beilliú an fód mar sin féin, agus gabhadh é ag fórsaí an rí nuair a thógadar Cill Ala ar an 23 Meán Fómhair. Crochadh é cúpla lá ina dhiaidh sin i bpáirc taobh thiar de 'chaisleán' an easpaig Phrotastúnaigh, an Dr Stock.

Scríobh an tEaspag céanna cuntas ar gach a tharla i gCill Ala i rith an ama ina raibh an baile sin faoi smacht na bhFrancach. Tugadh 'an caisleán' ar theach an Easpaig, cé nár chaisleán a bhí ann i ndáiríre ach teach an-mhór. Thóg na Francaigh é mar cheanncheathrú, agus ní fada go raibh an teach lán go béal le Francaigh, clann mhór an Easpaig, cuairteoirí an Easpaig agus na trí sheirbhíseach déag a bhí aige, chomh maith le slua mór dídeanaithe. Bhí suas le ceithre scór díobh siúd ann sa deireadh. Tá tábhacht faoi leith ag baint le cuntas an Easpaig, mar go dtugann sé fianaise scríofa dúinn faoi na ceannairí Francacha agus Éireannacha, agus faoi mhuintir na háite i gcoitinne. Ach cé go raibh meas éigin ag an Dr Stock ar na ceannairí Francacha, ní raibh meas dá laghad aige ar na ceannairí Éireannacha, ach amhaín, b'fhéidir, Fearadhach Ó Dónaill. Tréatúirí dá n-aicme agus dá rí a bhí iontu, dar leis. Bhíodar salach agus róthugtha don ól, agus ní bheadh píonós ar bith eile sách maith dóibh ach píonós an rópa.

Ba é an Ginearál Seoirse de Bláca, as Gearra Chluain ar an teorainn idir Gaillimh agus Maigh Eo, an ceannaire míleata ab fhearr a bhí ag na hÉireannaigh in arm Humbert. Bhí sé i gceannas orthu ag Baile na Muc, agus crochadh ansin é i ndiaidh an chatha.

Ar an láimh eile, ba é Séamus Seosamh Mac Dónaill, ó Chathair na gCon, in aice le Chaisleán an Bharraigh, an fear ba mhó le rá i measc na nÉireannach Aontaithe in iarthar na hÉireann roimh theacht na bhFrancach. Mac ba ea é do Sheosamh Mac Dónaill, tiarna talún agus giúistís, a bhí gníomhach ins na hÓglaigh. Chuaigh an mac ag foghlaim dlí, nuair a tugadh cead do Chaitlicigh a leithéid a dhéanamh, agus bhí sé cairdiúil le Wolfe Tone nuair a bhí an bheirt acu ina mic léinn i Londain. Bhí sé ina bhall de Choiste na gCaitliceach agus de Chumann na nÉireannach Aontaithe, agus rinne sé a dhícheall le muintir an iarthair a mhealladh isteach sa dara gluaiseacht sin. Bhí an t-ádh leis nuair a briseadh a chóiste ag Cill Choca agus é ar a bhealach chuig an gcruinniú cáiliúil úd i dteach Oliver Bond ar an 12 Márta, 1798. Ní bhfuair sé aon oideas míleata, de réir cosúlachta, ach fear thar an gcoitiantacht a bhí ann ó thaobh na polaitíochta de agus ó thaobh an stádais a bhí aige i measc na meánaicme sa tír. Dúirt Myles Byrne go raibh aige, 'the talents, acquirements and energy to become a great leader'. D'éirigh leis éalú ó pháirc an áir ag Baile na Muc. Chuaigh sé chun na Fraince agus as sin go Meiriceá, áit ar chaith sé saol uaigneach, díomách go dtí go bhfuair sé bás sa bhliain 1848.

Ach i ndeireadh na dála, cé go raibh muintir Chonnacht corraithe go maith, faoi mar a dúras, ní raibh an eagraíocht ann chun éirí amach a spreagadh ná a chur i gcrích. Ansan, tharla rud a chuir crot eile ar fad ar an scéal, rud dochreidte, rud míorúilteach—is é sin, teacht i dtír na bhFrancach ag cuan Chill Chuimín in aice le Cill Ala, 'on the eve of a bright harvest day', mar a dúirt finné ag an am. Tharla seo ar an 22 Lúnasa nuair a tháinig an Ginearál Jean-Joseph Amable Humbert ón Fhrainc le trí fhrigéad lán go gunail le míle naoi gcéad fear (idir oifigigh agus shaighdiúirí), idir seisear agus ochtar seirbhíseach, agus beirt bhan faoi bhréagriocht a bhí i bhfolach ar na báid. Lena chois sin bhí ar bord 3,000 gunna cloch thine, 400 piostal, trí ghunna mhóra lena vaigíní, 30,000 punt de phúdar, 66,000 piléar, agus éide do mhíle fear. Is féidir a rá nach rabhthas ag súil lena leithéid sa chearn iargúlta úd de Thuaisceart Mhaigh Eo, ach oiread is a bhí súil le cabhlach Hoche i mBá Bheanntraí sa bhliain 1796, cé gur ceapadh riamh nach bhféadfaí éirí amach a chur i gcrích in Éirinn gan chabhair ó thír iasachta. Agus bhí fhios ag cách go raibh na hÉireannaigh Aontaithe ag iarraidh cúnaimh ón Fhrainc ón am ar fhógair an tír sin cogadh ar an mBreatain sa bhliain 1793.

D'fhág an Caiptín Jean Louis Jobit, oifigeach airm a tháinig i dtír le Humbert, cuntas ar eachtraí na bhFrancach in Éirinn. Lena chois sin, d'fhág beirt oifigeach eile cuntais ina ndiaidh. Ba iad sin Savary agus Fontaine, agus is maith an rud go ndearnadar amhlaidh, mar nach féidir creidiúint iomlán a thabhairt do cheachtar acu, mar is iondúil ag daoine mar iad siúd bheith ag cáineadh a chéile, agus ag dul thar fóir agus iad ag cur síos ar a gcuid éachtaí féin. Ar chaoi ar bith, tugann Jobit cuntas dúinn ar an iontas agus ar an alltacht a bhí ar oifigeach airm sa cheantar nuair a tháinig sé ar bord loinge le bronntanas éisc do na hoifigigh, agus é ag ceapadh gur báid de chuid Chabhlach na Breataine a bhí iontu. Deir Jobit gur ag éigean a d'fhéadfaí an t-oifigeach úd agus na fir eile a bhí in éineacht leis a thabhairt chucu féin nuair a tugadh chuig cábán an chaiptín iad. Ar an taobh eile, áfach, is féidir linn glacadh leis go raibh an oiread céanna iontais ar mhuintir na háite is a bhí ar na dílseoirí úd, ach amháin, ar ndóigh, nárbh alltacht a bhí orthu ach gliondar croí roimh na strainséirí a bhí tagtha thar sáile chucu le iad a fhuascailt ón anró gan sos a bhí fulaingthe acu ón gcéad lá ar rugadh iad.

Tugann an tOirmhinneach James Little, reachtaire Leacain i ndeoise

Chill Ala ó 1776 i leith, cuntas luachmhar dúinn ar imeachtaí na laethanta úd, cé go raibh sé claonta go maith in aghaidh na gceannairceach. Deir sé go raibh coipeadh ar mhuintir na háite go léir fiú sular tháinig na Francaigh i dtír. Scríobhann an Caiptín Jobit faoi bhochtanas na ndaoine, agus faoin bhfuath a bhí acu do lucht an airgid. Chreid sé gurbh é an fuath seo, agus a bhfainiceacht i gcúrsaí creidimh, ba mhó ba chúis le bá na ndaoine leis an Éirí Amach. Is léir ó sin go raibh radacachas éigin i measc na ndaoine, cé go raibh bearna mhór idir sin agus idé-eolaíocht na nÉireannach Aontaithe. Bhí Little nimhneach go leor agus é ag cur síos ar scaball na gCairmilíteach, a bhíodh á chaitheamh go forleathan ag na daoine ón am ar tugadh isteach é in Éirinn sa bhliain 1728. 'This institution', a dúirt sé, 'was resorted to as a political engine'; agus arís, 'certainly it was well calculated to combine and direct the efforts of the people in those districts in which it was introduced'. Luann Jobit an scaball, freisin, nuair a scríobhann sé go raibh na daoine go léir 'ag caitheamh faoina muinéal scabaill mhóra, shuaracha, shalacha, chomh maith le paidríní'. A gcreideamh i nDia, is dócha, an t-aon dóchas a bhí fágtha acu.

Roimh theacht go hÉirinn dóibh bhí iniúchadh déanta ag na Francaigh ar Chogadh an dá Rí céad bliain roimhe sin, nuair a chuir an tír go léir, seachas Doire agus Inis Ceithleann, fáilte rompu, agus nuair a bhí na boic mhóra réidh chun cuidiú leo. Chuir na hÉireannaigh Aontaithe ina luí ar Rialtas na Fraince go mbeadh céad míle díobh, ar a laghad, ag feitheamh le hArm na Fraince. Ach ní mar sin a tharla, ar ndóigh. D'fhan Protastúnaigh Chonnacht dílis don rialtas, agus na Caitlicigh úd a raibh talamh nó maoin an tsaoil acu, staonadar ón gcogadh. Ní raibh ach fir óga, a bhí corraithe ag scéala faoi Réabhlóidí Mheiriceá agus na Fraince, a tháinig isteach lena lucht leanúna chun dul i bpáirt le Humbert. Ní thiocfadh leo gan dul i gcomhar le hArm dochloíte na Fraince, agus go míorúilteach bhí na saighdiúirí breátha seo ina measc. Bhí deis iontach acu anois díoltas a imirt ar an namhaid a chaith chomh cruálach leo nuair a tháinig Lord Carhampton go Connachta sa bhliain 1795.

Ba iad siúd na hearcaigh a tháinig isteach chuig Humbert ó cheantair Chill Ala agus Bhéal an Átha. Fir airm a bhí i gcuid acu, cuid eile a bhí oilte ar an Mór-Roinn. Sagairt a bhí i gcuid acu siúd ach ní ceannairí a bhí iontu ar nós Sheáin agus Míchíl Uí Murchadha i Loch Garman. Mar sin féin, crochadh an tAthair Manus Mac Suibhne agus an tAthair Séamus Ó Conaire. Cuireadh i leith an Athar Mánus go raibh sé ina cheannaire ar an Éirí Amach, agus ciontaíodh an tAthair Séamus de bharr na fáilte a chuir sé roimh na Francaigh i gCill Ala agus an chúnaimh a thug sé dóibh agus iad ar a mbealach go Caisleán an Bharraigh. Ní de bharr a gceannasaíocht a crochadh na sagairt sin, ach toisc gur theastaigh ón rialtas sceimhle a chur ar na daoine tré roinnt de na fir ba mhó a raibh meas acu orthu sa taobh sin tíre a dhaoradh chun báis.

Cé go raibh ceannairí míleata in easnamh i gcúige Uladh agus i gcúige Laighean, bhí neart acu i gConnachta. Arm gairmiúil a tháinig ón Fhrainc, agus oifigigh ghairmiúla i gceannas air. Lena chois sin tháinig oifigigh Éireannacha a bhí i seirbhís na Fraince. Ba iadsan Bartholomew Teeling, Matthew Tone, Roche, Sullivan, agus Henry O'Kane. Rinneadar go léir a gcion sa troid, agus crochadh Teeling agus Tone tar éis na coimhlinte. Deartháireacha ab ea iad, faoi seach, le Matthew Teeling agus Wolfe Tone, ceannairí cáiliúla na nÉireannach Aontaithe. Ligeadh saor an triúr eile mar gur éirigh leo a chruthú gur saoránaigh Fhrancacha a bhí iontu. Mar sin féin, bhí sé deacair ag na Francaigh a ndóthain oifigeach Éireannach a liostáil, fir a bheadh sásta comhoibriú leo chun lón a sholáthar don arm agus riail a choinneáil sa tír, agus, thar aon rud eile, a bheadh in ann earcaigh oiriúnacha a bhailiú.

Tháinig slua mór de mhuintir na tíre isteach chucu, agus bhaineadar a rogha astu. Bhí éide acu do mhíle fear, ach is cinnte nach raibh an t-am ag na Francaigh oiliúint mhíleata a thabhairt do dhream mór nach raibh taithí dá laghad acu ar an tsaighdiúireacht. Ar chaoi ar bith, thréig a lán acu an fórsa Francach, nuair a fuaireadar blas d'anró an tsaoil sin agus blas de na contúirtí a bhain le coimhlint in aghaidh námhad a bhí níos láidre agus níos líonmhaire ná iad féin. Sheas suas le míle dhá chéad díobh an fód go deireadh an chomhraic, agus ba iadsan a d'íoc go daor as, tré chrochadh, sciúrsáil agus díbirt. Lena chois sin, chreach fórsaí an rialtais réimsí móra den tír. Dhódar na tithe agus thógadar a raibh de mhaoin shaolta ag na daoine.

Tháinig Humbert i dtír ag Cill Chuimín ar an 22 Lúnasa, agus ghabh na Francaigh Cill Ala gan aon stró tráthnóna an lae chéanna, agus an lá dár gcionn thógadar Béal an Átha. Tharla an eachtra ar a nglaoitear Rásaí Chaisleán an Bharraigh ar an 27 Lúnasa. Ba ghearr ina dhiaidh sin go raibh seilbh acu ar Bhéal Easa, Bhaile Uí Fhiacháin, Bhaile an Róba, agus Chathair na Mart. D'fhéadfaí a rá go raibh contae Mhaigh Eo ar fad gafa ag na comhghuallaithe, ach gur fhan Humbert go díomhaoin ar feadh seachtaine i gCaisleán an Bharraigh, ag fanacht ar thrúpaí athneartaithe ón Fhrainc nó ar ordaithe ón Direachtóireacht i bPáras. Sa deireadh chinn sé ar theagmháil a dhéanamh le ceannaircigh an tuaiscirt. Ar a bhealach ó thuaidh bhí an bua aige ar an namhaid in dhá chomhrac i gcontae Shligigh, mar atá, ag Tobar an Choire agus ag Cúil Mhuine. Rinne Bartholomew Teeling éacht mór ag Cúil Mhuine agus tá dealbh mhór de le feiceáil ar láthair an chomhraic ansin sa lá atá inniu ann.

B'in an uair ar chinn Humbert ar chasadh soir ó thuaidh chuig contae Liatroma, agus ansan ó dheas trasna na Sionainne chun bualadh leis na ceannaircigh i lár na tíre. D'fhág sé Caisleán an Bharraigh ar an 4 Meán Fómhair agus shrois sé Baile na Muc i gcontae Longfoirt ar an 8 Meán Fómhair. Bhí mórán anró agus cruatan ag baint leis an turas. Bhí codladh agus bia de dhíth ar na fir, agus thréig a lán de na hÉireannaigh an t-arm nuair a thuigeadar céard a bhí i ndán dóibh. Tháinig fórsaí an Ghinearáil Lake agus an Choirnéil Crawford le chéile ag Tobar an Choire ar an 4 Meán Fómhair, agus as sin go Baile na Muc bhíodar ar na sála ar na Franca-Éireannaigh, agus iad á gcrá agus á gciapadh gan staonadh de ló is d'oíche. Léiríodh an gníomh deireanach den bhróndráma i mBaile na Muc, nuair a fágadh cúig chéad Éireannach, agus mórán díobh in éide na Fraince, sínte marbh ar pháirc an áir.

Ghéill Humbert don Ghinearál Lake agus ligeadh dó féin agus d'fhórsaí na Fraince filleadh abhaile go sona sásta leo féin. Ach níorbh í sin an chinniúint a bhí roimh na hÉireannaigh. Crochadh a lán de na príosúnaigh láithreach, agus daoradh a lán eile chun báis ag na cúirteanna míleata a bhí ar siúl anonn sa bhliain dár gcionn. Chomh maith leis sin theastaigh ón rialtas díoltas a bhaint amach ar na ceannaircigh, agus bhíothas sa tóir orthu i ngach uile chúinne den tír ina bhféadfaí teacht orthu, agus lean an tóraíocht sin ar feadh blianta fada. I gCathair na Mart, áit a raibh Denis Browne an-tugtha don obair sin, creidtear gur crochadh Seán Mac Giobúin—Johnny the Outlaw—

sa bhliain 1806. Ar aon nós, ba sa bhliain sin a fuair sé bás, agus an Brúnach sa tóir air i gcónaí.

Agus na himeachtaí seo go léir ag titim amach ar fud na tíre, bhí an chéad bhaile a thóg na Francaigh i seilbh na nÉireannach fós, is é sin, Cill Ala i gcontae Mhaigh Eo. D'fhág Humbert triúr oifigeach Francach i gceannas sa bhaile sin: Charost, Boudet agus Ponson. Fágadh an Caiptín Truc i gceannas i mBéal an Átha. In éineacht leis bhí an Coirnéal Pádhraic Bairéad, agus oifigeach Éireannach a tháinig le Humbert ón bhFrainc, an Caiptín Éinrí Ó Catháin. Chuaigh an fear seo le sagartacht chuig an bhFrainc, agus bhí sé ann nuair a bhris an réabhlóid amach sa bhliain 1789. Bhí air an tír sin a fhágáil, nó dul isteach in arm an rialtais nua. Chuaigh sé isteach san arm, agus bhain na Francaigh tairbhe mhór as in Éirinn, mar go raibh eolas maith aige ar an nGaeilge, ar an mBéarla agus ar an bhFraincis, agus bhí sé in ann smacht a choinneáil ar na daoine nuair a bhí gá leis. Rinneadh príosúnach de i gCill Ala, ach ligeadh ar ais chun na Fraince é de bhrí gur saoránach Francach a bhí ann agus toisc gur chosain sé na dílseoirí ar ainriantacht na ndaoine.

Ar chaoi ar bith, tháinig Truc, an Bairéadach, agus Ó Catháin chuig Cill Ala, nuair a tréigeadh Béal an Átha ar an 22 Meán Fómhair. An lá dár gcionn bhí an triúr sin, chomh maith leis na Francaigh Charost, Boudet agus Ponson, agus na hÉireannaigh Maitiú Beilliú, Séamus Ó Dubhda, Risteárd de Búrca, Ruairí Mag Uidhir agus Fearadhach Ó Dónaill i gceannas ar ocht gcéad fear ag fanacht ar thrí mhíle d'fhórsaí an rí. Sheas na hÉireannaigh an fód go maith, ach briseadh orthu go luath agus fágadh trí chéad díobh sínte marbh tar éis an lae uafásaigh sin. Ar feadh seachtaine ina dhiaidh sin bhí fórsaí an rí ag cur faoi chois buíonta beaga de cheannaircigh a bhí ag seasamh an fhóid fós in Iorras agus sa Lagán. B'in deireadh an scéil bhrónaigh go léir, ach amháin go raibh díoltas fíochmhar le baint amach ar an bpobal i gcoitinne agus go háirithe orthu siúd a ghlac páirt san Éirí Amach.

Rinneadh an tÉirí Amach a chomóradh céad bliain ina dhiaidh sin, sa bhliain 1898, agus tógadh dealbha agus leachta cuimhneacháin in onóir na ndaoine a bhí páirteach ann. Ach níl aon chuimhneachán níos luachmhaire ná níos buaine ná an rud a scríobh an tEaspag Stock fúthu i mbliain na bhFrancach féin:

It is a circumstance worthy of particular notice that during the whole time of this civil commotion, not a drop of blood was shed by the Connaught rebels, except in the field of war.

Bíodh sin mar chloch mhullaigh ar a gcarn!

Leabharliosta

Freyer, G. (eag.), *Bishop Stock's 'Narrative' of the Year of the French: 1798* (B.Á.C.,1982).

Keogh, D., *The French Disease: The Catholic Church and Irish Radicalism 1790-1800* (B.Á.C., 1993).

Mulloy, S., ' The clergy and the Connacht Rebellion', in L. Swords, (eag.), *Protestant, Catholic & Dissenter: The clergy and 1798.* (B.Á.C., 1997), 253-273.

Pakenham, T., *The Year of Liberty: The History of the Great Irish Rebellion of 1798* (Londain, eagrán 1992).

Póirtéir, C. (eag.), *The Great Irish Rebellion of 1798* (Corcaigh & B.Á.C.,1998).

† Liam de Paor

Scoláire ildánach, a chaith tréimhsí ina ollamh le stair agus le seandálaíocht in ollscoileanna éagsúla in Éirinn agus sna Stáit Aontaithe, Ollscoil na hÉireann, Baile Átha Cliath agus Ollscoil Pittsburg, ach go háirithe. Riar maith leabhar agus alt tagtha uaidh thar na blianta ar réimse leathan ábhar a bhaineann le stair agus le dúchas na hÉireann. Cailleadh Liam de Paor i mí Lúnasa 1998. Solas na bhflaitheas dá anam.

OIDHREACHT 1798

Ní airím véarsa ó lon ná ó chéirseach
Is ní fhásann féar ins na coillte ceart;
Níl suim ag an spéirbhean i spórt ná i bpléisiúr
Ach í ag gol is ag béiceadh is ag réabadh bas.
Á rá gan faothamh, ní bhfaighidh na séimhfhir
Aon oíche in Éirinn ná uain chun reast,
Ag an trúp seo méirligh is iad ag teacht lena chéile,
Is go mbuailfear caoch sinn ar Shliabh na mBan.

Sin í breith na ndaoine—in oirdheisceart na hÉireann go háirithe—i ndiaidh eachtraí '98, agus sin é mo théacs agus mo théama. Briseadh faoi dhó ar Éirinn i ndeireadh na hochtú aoise déag. Briseadh sa chéad áit ar an iarracht, a bhí faoi sheol san uair úd, ar aontas a chur ar bun in áit an easaontais idir Éireannaigh. Briseadh sa dara háit ar na hiarrachtaí a bhí á ndéanamh, le seal anuas ag an am sin, ar neamhspleáchas agus féinseasamh a bhaint amach do thír na hÉireann, bíodh sí ina ríocht nó ina poblacht. Tá an réabadh bas, ar bhealach, ar siúl ó shin i leith. Ba ins na blianta 1796, 1798 agus 1803 a theip ar réabhlóid a bhí caoch go maith, b'fhéidir, a bhí gan treoir cheart (cé go raibh roinnt daoine an-chumasach i mbun gnótha), a bhí gan dóthain boinn teoirice nó fealsúnachta léi, ach a shíolraigh san am céanna ó chorraí domhain, dorcha, doiligh in ionathar na ndaoine.

Tá sé de nós ag cuid mhaith de staraithe an lae inniu—agus ní in Éirinn amháin—agus iad ag iarraidh leasú a dhéanamh ar scéal salach an chine dhaonna, athbhreith a thabhairt ar gach eachtra—athbhreith a bhíonn claonta minic go leor ar son pé aicme a tháinig in airde ar deireadh; cothrom a thabhairt don olc, agus an mhaith a chur faoi cheist. Deirtear gur tharla uafás ar an dá thaobh i mbliain úd na fola, 1798. Is cinnte gur tharla. Ach ba mhó ar fad an t-uafás a deineadh go leanúnach le blianta fada ar na daoine ná an t-uafás a d'imir fearg agus buile na ndaoine ar údair a gcéasta. Má tá breith an staraí le tabhairt ar a leithéid de chás—agus ní thuigim gur gá—bíodh sí cothrom. Deirtear arís gur maith an rud é gur theip ar an Éirí Amach, mar gur sábháladh sinn dá bharr ar dhaorsmacht Phoblacht na Fraince. Bhuel, n'fheadar ar mhó an t-ualach orainn *Liberté, Égalité* agus *Fraternité* ná na tiarnaí talún, póilíní an RIC, an bhanríon bheannaithe Victoria agus an Gorta Mór.

Ach fágaim na ceisteanna seo ar leataobh, chomh fada agus is féidir. Is éard atá le déanamh amach, caidé díreach a tháinig anuas chugainn ón tsaoirse gheal—nár tharla—sa bhliain 1798? Theip faoi dhó ar iarracht na ndaoine, mar a dúras, agus d'fhág an teip dhúbalta sin mar oidhreacht againn críochdheighilt, galar easaontais a théann go smior na tíre, agus ualach éagóra a bheirtear ó ghlúin go glúin i leith, ualach de ghnó neamhchríochnaithe. Ní hé dícheall ár sinsear a d'fhág an oidhreacht sin againn—ach gur briseadh ar an dícheall agus orthu siúd chomh maith. Ní hé an t-easaontas amháin atá fágtha againn mar oidhreacht: tháinig an mhaith anuas chugainn chomh maith leis an olc. Déanfad cur síos ar an méid sin amach anseo; mar, gur ar an lá atá inniu ann is mó atá mo thriall san aiste seo i ndeireadh na dála. Ach, ós ceist oidhreachta atá faoi chaibidil againn, caithfear dul siar i dtús báire ag lorg an tiomnóra.

Tá an scéal casta go maith, ar ndóigh. Is fada an tréimhse í dhá chéad bliain, agus b'aisteach an rud é dá mbeadh tionchar mór ag an méid a tharla in aon bhliain amháin chomh fada sin siar uainn—cuma cé chomh héagsúil nó chomh tubaisteach agus a bhí sé—ar chúrsaí na hÉireann sa lá atá inniu ann. Is é a tharla gur léirsigh imeachtaí na bliana sin athruithe a bhí ar siúl le fada roimhe sin, faoi mar a bheadh uisce faoi thalamh na tíre ag imirt claochló ar a meon agus ar a cuma. Tharla géirchéim gan réiteach; bhí próiséas ar siúl nár tháinig chun críche; tá na héifeachtaí i bhfeidhm orainn fós, agus fós gan críoch ná réiteach iomlán le fáil ná le feiscint.

Is é mo mheas agus mo thuairim le fada anois, an té go bhfuil uaidh teacht ar thuiscint ar Éirinn na linne seo againne, go gcaithfidh sé dul ag cuardach san ochtú haois déag. Tá tábhacht faoi leith ag baint le scéal na haoise seo caite, ar ndóigh, scéal na naoú haoise déag; ach ba ins an ochtú haois déag a leagadh bonn na hÉireann nua, an tír ar a bhfuil ár seasamh le dhá chéad bliain anuas. Bhí briseadh iomlán ar an seanchóras Gaelach faoi dheireadh na seachtú haoise déag. I rith na haoise dár gcionn galldaíodh an tír. Ní go hiomlán ar fad, ar ndóigh, a tharla seo;

bhí líon mór Gaeilgeoirí gan Bhéarla fós sa tír nuair a tharla an tÉirí Amach. Ach bhí sé ag éirí níos soiléire in aghaidh na bliana nach raibh seans dá laghad ann go gcuirfí an seanchóras ar bun arís, bíodh is gur chothaigh na filí an bhrionglóid sin ar feadh i bhfad. Bhí an t-eagar nua cóilíneach i bhfeidhm go daingean agus gach cuma air go mbeadh sé buan. Bhí Gaeilgeoirí faoi dhíbirt go himeall an tsaoil, iad gearrtha amach ó chúrsaí polaitíochta, ón saol gnó agus, fiú, ó institiúidí creidimh. I ndeireadh na dála, go háirithe i ndiaidh an Ghorta Mhóir, ghéilleadar don éigeantas agus thréigeadar a dteanga ionas go mbeadh ar a gcumas maireachtáil faoi réim an chórais a bhí brúite anuas orthu.

Chonacthas do dhaoine smaointeacha ag deireadh na hochtú aoise déag gur mhór é an t-olc an t-easaontas agus an deighilt a bhí sa tír, agus gur mhór an bac iad ar fhorbairt na hÉireann sa ré nua-aimseartha a shíolraigh ó réabhlóidí polaitíochta agus tionsclaíochta na linne. Bhí dreamanna éagsúla ag lorg bealaí chun teacht ar réiteach. Bhí teoiricí faoi bhunreacht na hÉireann leagtha amach sa seachtó haois déag ag an náisiún Caitliceach—is é sin na Sean-Ghaeil agus na Sean-Ghaill in Éirinn, na hÉireannaigh, mar a thugadar orthu féin, le hiad a idirdhealú ós na nua-Ghaill Phrotastúnacha. Ba mhian le cuid acu teacht ar réiteach a thabharfadh cead dóibh glacadh le húdarás rí eiriciúil. Ceart ó Dhia a bheith ag an rí, ba bhun leis an teoiric pholaitiúil a bhí ag cuid mhaith acu. Ach chuireadar teoiricí eile ar aghaidh, chomh maith, go háirithe na prionsabail a ghlac na teachtaí ag Comhdháil Chill Chainnigh chucu féin: dílseacht don Eaglais Rómhánach; cearta agus sainchumas an rí a chosaint; seasamh le ceart agus sainchumas Pharlaimint Ríocht Éireann, le bunreacht na hÉireann, agus le saoirse creidimh na hEaglaise Caitlicí; agus ghealladar a bheith dílis d'Ardchomhairle Chomhdháil Chaitliceach na hÉireann.

Aisteach go leor, athbheodh cuid mhaith den teoiric seo i dtús na hochtú aoise déag, nuair a bhí an cóilín *Protastúnach*, a bhí in uachtar faoin tréimhse sin, faoi bhrú ó Shasana, go háirithe i gcúrsaí tráchtála agus i stiúradh eacnamaíocht na tíre, agus nuair a ritheadh an cúigiú hacht den rí Seoirse I, a chuir Parlaimint na hÉireann faoi cheannas Pharlaimint na Breataine. Ar ndóigh, ní ar son an náisiúin Chaitlicigh a cuireadh an teoiric bhunreachtúil seo chun cinn an uair seo, ach ar son an náisiúin

Phrotastúnaigh. Ach bhí ábhar aontais sa chomhréir. Ríocht inti féin ab ea Éire, bíodh is go raibh an rí céanna uirthi is a bhí ar aontacht nua na Breataine, a tharla sa bhliain 1707 nuair a tugadh Sasana agus Albain le chéile faoi pharlaimint amháin i Westminster. Bhí an smaoineamh seo beo agus aibí sa cheathrú deireanach den ochtú haois déag.

Ach, ba é Cogadh na Saoirse i Meiriceá a thug spreagadh don dá iarracht mhóra a luamar i dtús na haiste seo, chun aontas agus neamhspleáchas na tíre a thabhairt chun críche. Ar an gcéad dul síos, b'ionann cuid mhaith de na gearáin a bhí ag na cóilínigh i Meiriceá agus na gearáin a bhí ag na cóilínigh in Éirinn. Sa bhliain 1766 ritheadh an Declaratory Act i leith Mheiriceá, acht a d'fhógair is a dhearbhaigh cumhacht agus údarás Pharlaimint na Breataine a bheith in uachtar ar údarás ar bith a bhí ag na tionóil éagsúla sna cóilíneachtaí. Bhí an Declaratory Act seo bunaithe ar an Acht Dearbhtha a ritheadh sa bhliain 1719—an cúigiú hacht den rí Seoirse I—a dheimhnigh smacht Pharlaimint na Breataine ar Pharlaimint na hÉireann. Chorraigh an scéal seo i Meiriceá an uasalaicme chóilíneach in Éirinn. Bhí neamhspleáchas parlaiminte uathu, agus bhí comhbhá acu leis na Meiriceánaigh. Nuair a d'eisigh na cóilínigh i Meiriceá Forógra na Saoirse sa bhliain 1776, ba cheol i gcluasa na gcóilíneach in Éirinn cuid dá raibh le rá acu:

... When in the course of human events it becomes necessary for one people to dissolve the political bonds which have connected them with another, and to assume among the powers of the earth the separate and equal station to which the laws of Nature and of Nature's God entitle them ...

Bhí rudaí eile sa ráiteas céanna ar cheol iad i gcluasa na cosmhuintire:

... That all men are created equal, that they are endowed by their Creator with certain unalienable rights, that among these are Life, Liberty and the Pursuit of happiness—that to secure these rights, Governments are instituted among men, deriving their just powers from the consent of the governed.

B'in teagasc réabhlóideach.

Bhí an dá shruth i dtaoide an Éirí Amach sa bhliain 1798. Sruth a shíolraigh ón *Erklärung*, nó an Lasadh Solais, i bhfealsúnacht na nÉireannach Aontaithe, agus sruth eile a shíolraigh ó léirscrios na ndaoine a bhí ag fulaingt péindlíthe de gach sórt. Is fiú aird a thabhairt ar an dara sruth seo: tá sé chomh tábhachtach le teoiricí réabhlóideacha na nÉireannach Aontaithe, ní hamháin maidir leis an Éirí Amach féin i 1798, ach maidir lenar tharla i bhfad níos déanaí in Éirinn. Cuimhnigh chomh minic is a dhéantar tagairt do 'Chlanna Gael' ins na dánta agus ins na scríbhinní reatha a léiríonn meon na ndaoine san aimsir sin. Ní hí seo teanga na nÉireannach Aontaithe, ach teanga an tseantraidisiúin Sheacaibítigh. Seo Tomás Ó Míodhcháin as Inis, ag cur síos ar thréigean Bhostúin ag Arm Shasana sa bhliain 1776:

Is fonn's is aiteas liom Howe is na Sasanaigh
Tabhartha, treascartha choíche.
Is an crobaire, Washington, cabharthach, calma,
I gceann is i gceannas a ríochta;
Sin amhais ag screadaigh gan chúil, gan charaid,
Gan trúip ná barcaibh ar taoide,
Faoi Shamhain go dearfa búir na Breatain'
I bponc faoi thearmainn Laoisigh.

D'éis an chluiche seo Éire leigfear
Dá céile dlítheach ceart díleas
An féine fuinneamhach faobhrach fulangach
Séarlas soineanta Stíobhart;
Beidh réim ag filí, is go saol an iolair
Cead féir is uisge ag Gaelaibh,
Is na géaga ag filleadh re h-éigean duille
Is na h-éisc ag lingeadh as a líontaibh.

Thug Ó Míodhcháin moladh mór do Henry Grattan agus na hÓglaigh i ndán eile a scríobh sé beagán níos déanaí. Is cinnte go raibh dearcadh eile ar fad aige ar an bpolaitíocht seachas mar a bhí ag Grattan, ach bhí sé sásta glacadh leis go raibh Grattan ag iarraidh, ar son a aicme féin, teacht ar réiteach leis na Caitlicigh agus ag an am céanna neamhspleáchas éigin a bhaint amach don tír. Dhein Grattan féin tagairt don tsaoirse a bhí á baint amach ag na Meiriceánaigh nuair a d'fhógair sé saoirse na hÉireann sa Pharlaimint i mBaile Átha Cliath ar an 19 Aibreán 1780, agus lean sé air mar seo:

> . . . I wish for nothing but to breathe, in this our island, in common with my fellow-subjects, the air of liberty. I have no ambition, unless it be the ambition to break your chain, and contemplate your glory. I never will be satisfied so long as the meanest cottager in Ireland has a link to the British chain clanking to his rags: he may be naked, he shall not be in iron.
>
> I shall move you, 'That the King's most excellent Majesty, and the Lords and Commons of Ireland, are the only powers competent to make laws to bind Ireland'.

Faoi mar is eol dúinn, d'éirigh leis, le tacaíocht na nÓglach, cuid mhaith den tsaoirse a bhí uaidh a bhaint amach—ach go raibh cumhacht fheidhmiúil fós ag rialtas Shasana i gcúrsaí na hÉireann. Theip glan ar Grattan agus ar a lucht leanúna conradh a thabhairt chun críche leis an bParlaimint thall a bhunódh comhmhargadh idir Éire agus an Bhreatain, agus a thabharfadh cothrom d'Éirinn mar pháirtí leis an mBreatain i mbun a raibh fágtha den Impireacht, tar éis do chóilínigh Mheiriceá a saoirse a bhaint amach. Theip ar an iarracht i bParlaimint Shasana, mar ar chuir ionadaithe na mangairí agus na ndéantúsóirí gach constaic ina coinne. Is cosúil gur de bharr na teipe úd a thosnaigh Príomh-Aire na Breataine, Pitt, ar an mbeartú a thug chun críche Acht na hAontachta sa bhliain 1800. B'fhéidir go dtabharfadh sé míniú róshimplí ar scéal a bhí casta dá ndéarfaí gur de bharr Éirí Amach 1798 a ritheadh Acht na hAontachta.

Tar éis gur theip ar iarrachtaí Grattan, tharla Réabhlóid na Fraince, gluaiseacht na nÉireannach Aontaithe agus an tÉirí Amach féin i 1798. Is ón dá réabhlóid úd—Réabhlóid Mheiriceá agus Réabhlóid na Fraince—agus ó chúlra an *Erklärung*, a shíolraigh an ghluaiseacht, nó an iarracht eile ar aontas a bhunú in Éirinn idir Caitlicigh, Protastúnaigh agus Easaontóirí—gluaiseacht na nÉireannach Aontaithe, a bhí i bhfad níos raidiciúla ná gluaiseacht Grattan agus na 'Patriots' sa Pharlaimint i mBaile Átha Cliath agus sna hÓglaigh. Ach d'eisréimnigh an dá ghluaiseacht go réidh ar dtús. Thosnaigh na hÉireannaigh Aontaithe cuíosach measartha. Mar a dúirt an ráiteas a d'eisigh na hÉireannaigh Aontaithe i mBaile Átha Cliath i leith Óglaigh na hÉireann ar an 14 Nollaig 1792:

> By Liberty we never understood unlimited freedom, nor by Equality the levelling of property; or the destruction of subordination. This is a calumny invented by that faction or gang which misrepresented the King to the People, and the People to the King, traduces one half of the nation to cajole the other, and by keeping up distrust and division, wishes to continue as proud arbitrators of the fortune and fate of Ireland.

Ach ba ghearr gur caitheadh measarthacht den sórt seo ar leataobh, mar nár réitigh ráiteas mar seo le meon na ndaoine. Breis is bliain roimhe sin, bhí fógra rúnda curtha faoi bhráid na gcumann ag Tone agus Nielson, inar dearbhaíodh:

> The inherent and indefeasible claims of every free nation to rest in this nation—the will and the power to be happy, to pursue the common weal as an individual pursues his private welfare, and to stand in insulated independence, an imperatorial people.

Athscríobh atá sa mhéid sin ar Fhorógra Saoirse Mheiriceá. Breis agus céad bliain níos déanaí scríobh Pádraig Mac Piarais faoin ráiteas sin:

> The deep and radical nature of Tone's revolutionary work, the subtlety and power of the man himself, cannot be grasped unless it is clearly understood that this is the secret manifesto of the movement of which the carefully constitutional declaration of the United Irishmen is the public manifesto.

Bhí na sruthanna seo ag sileadh, agus sruthanna eile chomh maith, ag deireadh na hochtú aoise déag. Agus táid ag sileadh ó shin i leith, uaireanta faoi thalamh, uaireanta eile go hoscailte os comhair an tsaoil. Mar a dúras cheana, is ins an ochtú haois déag a thiocfaimid ar thús tuisceana ar Éirinn na fichiú aoise. Ghlac cosmhuintir na linne úd le fógra na saoirse, ach go minic bhaineadar a mbrí féin as:

Ba gheal an lá in Inis Fáil
Dá mbeadh bráithre Dé 'na gcealla,
Éigse is dáimh saor ó cháin
Gaill ar láir is Gaeil 'na mbailtibh.

Seo díreach an rud a thuig na daoine a bhain leis an ardaicme Phrotastúnach sa ré sin agus nach raibh sásta polasaí Grattan a leanúint, gan trácht ar pholasaí na nÉireannach Aontaithe. Mar a dúirt Dennis Browne (ionadaí ó Choláiste na Tríonóide) sa Pharlaimint i mBaile Átha Cliath ar an 20 Feabhra 1787:

That there was a faction in the country . . . hostile to the established church, hostile to the Protestant ascendancy, hostile to the acts of settlement, and the titles to their estates. That the property of the country differed from that of any other country in the world. In other countries the landed title is purchase, here it is forfeiture. The old proprietor feeds the eternal memory of his ancient claim. The property of this country resembles the thin soil of volcanic countries, lightly spread over subterraneous fires.

Na hÉireannaigh Aontaithe féin, b'éigean dóibh aird a thabhairt ar thuairimí na ngnáthdhaoine, tuairimí nár réitigh ar fad le teoiricí an phoblachtánachais, go háirithe nuair a chuadar i bpáirt leis na buíonta Caitliceach a thug 'Defenders' orthu féin agus a bhí i gcoimhlint leis na buíonta Oráisteach.

Tháinig seicteachas, náisiúnachas, poblachtánachas agus eitneachas salach ar a chéile, agus is deacair a dhéanamh amach, ag féachaint siar dúinn ar an tréimhse sin, cad é díreach a bhí mar chuspóir ag cuid mhaith de na daoine a bhí páirteach ins na heachtraí, seachas deireadh a chur leis an réimeas a bhí i gcumhacht. Léiríonn samhaltán na nÉireannach Aontaithe cuid de chastacht an scéil. Bhí mar shuaitheantas acu cláirseach na hÉireann agus na focail, 'It is new strung and shall be heard'. Ach is éard a dúirt Wolfe Tone faoin méid sin d'oidhreacht na tíre ná,

'Strum, strum, and be hanged'. Bhí acu freisin caidhp na saoirse—suaitheantas poblachtánach gan amhras, an focal 'equality', agus sleá, ag fógairt cogaidh ar an daoirse.

Theip ar na hiarrachtaí go léir atá luaite cheana, agus caithfear glacadh leis an bhfírinne sin agus sinn ag iarraidh a dhéanamh amach cén oidhreacht atá againn ón mbliain 1798. Caithfear cuimhneamh air, áfach, nach raibh deireadh ar fad leis an Éirí Amach sa bhliain sin féin. Dhein an tÉireannach Aontaithe Robert Emmet iarracht amháin eile sa bhliain 1803, agus is fiú trácht ar an ngaisce sin, mar gur caomhnaíodh meas ar Emmet thar éinne eile i gcuimhne na ndaoine. D'fhógair Emmet Poblacht na hÉireann i mBaile Átha Cliath, agus rialtas sealadach le cúrsaí a stiúradh, agus, bíodh is nach raibh sa bheart seo i ndáiríre ach mar a bheadh cur i gcéill, leanadh dá shampla nuair a fógraíodh Poblacht na hÉireann i mBaile Átha Cliath arís sa bhliain 1916.

Ach briseadh ar gach iarracht ar mhuintir na hÉireann a thabhairt le chéile, faoi réimeas ríochta nó poblachta—is cuma cé acu—mar go raibh débhríocht i gcónaí, nach mór, ag baint le hiarrachtaí dá leithéid. Ní raibh ann ach mionlach beag i gcónaí a chloígh go dílis leis an teoiric gur chóir an náisiún a athdhéanamh ó bhun go barr, na leaganacha staire agus na traidisiúin éagsúla a bhain le muintir na tíre a chaitheamh ar leataobh, agus cumann nua saolta, saoránach poblachtach a chur ina n-áit. Seo, ar ndóigh, an eiseamláir a bhí mar inspioráid ag fealsúnaithe na nÉireannach Aontaithe. Ach tháinig sé seo salach ar smaointe agus ar thnútháin cuid mhaith de na daoine ar theastaigh uathu, chomh maith leis an saol nua saor a bhí le tabhairt chun críche, ceartanna agus nósanna a sean a choimeád agus a chosaint san am céanna, bíodh is nach bhféadfaí gach sliocht agus dream sa tír a shásamh sa chomhthéacs seo ach tré dhreamanna eile a bhualadh agus a dhíshealbhú.

Tá easaontas, críochdheighilt, nimh agus fuath againn dá bharr sin. Táthar ag réabadh bas agus ag sileadh na ndeor fós i dTuaisceart Éireann. Tháinig scanradh ar an tír de bharr ar tharla sa bhliain 1798 agus ar lean é. Bhí deireadh le fiú cuma an neamhspleáchais. Cuireadh go mór leis an easaontas i rith na haoise seo caite, go háirithe sa tréimhse ina raibh Fuascailt na gCaitliceach á plé, nuair a bhí gangaid sa díospóireacht, agus nuair a tháinig Preispitéirigh agus Anglacánaigh le chéile faoi spreagadh Henry Cooke i gcoinne na gCaitliceach.

Réitíodh, b'fhéidir, ceist sheilbh na talún san aois seo caite, ach taca an ama chéanna, mar atá léirithe go mion, mar shampla, ag Emmet Larkin, athbhunaíodh an náisiún Caitliceach úd a bhí ar feadh tamaill ghairid faoi réim Chomhdháil Chill Chainnigh sa seachtú haois déag. Ní féidir a shéanadh go raibh préamhacha ag an gcor is déanaí seo in imeachtaí 1798. Tháinig fórsaí 'Chlanna Gael' lena chéile: náisiúnachas, creideamh, teanga, traidisiúin, dúchas faoi leith, eitneachas. Treascraíodh an uasalaicme Phrotastúnach ar fud chuid mhaith den tír agus bhíothas le Home Rule a bhronnadh ar an náisiún Caitliceach.

Ach, tharla rud nach raibh aon súil leis, agus nach samhlófá go bhféadfadh sé titim amach—mar go raibh sé go mór in aghaidh shruth na staire—nuair d'éirigh le dream beag réabhlóideach teoiric agus beartas na nÉireannach Aontaithe a athbheochaint, agus gur fhógair siad Poblacht um Cháisc sa bhliain 1916. Is éard a dhein Éirí Amach na Cásca ná sruth an *Erklärung* a dhíriú ar ais ar shaol na hÉireann. Rud sealadach a bhí ann, b'fhéidir. Ach is dá bharr san atá cónaí orainn sa taobh seo tíre faoi réimeas poblachtánach sa lá atá inniu ann. Tá Poblacht na hÉireann mar Stát againn, agus ní gá ach scríbhinní lucht an Éirí Amach i 1916 a léamh lena thuiscint gur chuid d'oidhreacht 1798 an Stát seo againne. Mar, is cinnte gurbh é teagasc cheannairí 1798, agus go háirithe teagasc Tone agus Emmet, is mó a chuaigh i bhfeidhm ar cheannairí 1916.

Tháinig Éirí Amach na Cásca nach mór gan choinne. I dtreo eile ar fad a bhí polaitíocht na tíre dírithe i dtús na haoise seo. Bhí an deighilt idir Oirthear Uladh agus an chuid eile den tír lánsoiléir faoin am sin, deighilt ar méadaíodh go mór uirthi nuair a theip go tubaisteach ar na hÉireannaigh Aontaithe a n-aisling siúd a thabhairt i gcrích. Tá an deighilt sin, freisin, agus an t-easaontas ar a bhfuil sí bunaithe, mar oidhreacht againn ó 1798. Is é sin le rá go bhfuil fadhbanna na tíre, mar a bhíodar ag deireadh na hochtú aoise déag, fós ár gcrá—nó cuid acu, pé scéal é. Ach san am céanna is féidir a rá go bhfuil mórchuid aimsithe againn de chuspóirí na ndaoine úd—Caitlicigh, Protastúnaigh agus Easaontóirí—a dhein a ndícheall dhá chéad bliain ó shin chun saol nua a bhunú in Éirinn.

Leabharliosta

de Paor, L., 'The Rebel Mind: Republican and Loyalist' inR. Kearney (eag.), *The Irish Mind* (B.Á.C., 1985).

—, *Unfinished Business* (London, 1990).

Dickson, D., Keogh, D., & Whelan, D., (eag.), *The United Irishmen* (B.Á.C., 1993).

Doyle, D. N. (eag.), *Ireland, Irishmen and Revolutionary America, 1760-1820* (Corcaigh agus B.Á.C., 1981).

Whelan, K., *The Tree of Liberty* (Corcaigh, 1996).

Ríonach Uí Ógáin

Léachtóir le Béaloideas in Ollscoil na hÉireann, Baile Átha Cliath. De bhunadh na Gaeltachta, tá staidéar faoi leith déanta aici ar ghnéithe den bhéaloideas a bhaineann leis an stair, le pearsana móra na staire, agus leis an amhránaíocht. Go leor foisithe aici ar na réimsí seo, ach go háirithe. I measc a cuid foilseachán tá: *Clár Amhrán Bhaile na hInse* (1976), agus *An Rí gan Choróin* (1984).

BÉALOIDEAS 1798 THIAR

Is éard ba mhaith liom a chur i láthair, cuid bheag den traidisiún béil faoi chúrsaí 1798, a bailíodh i gcontae Mhaigh Eo, nó a bhfuil baint ar leith aige leis an gcontae sin. Is iad na hamhráin sin[1] agus an seanchas a bheidh i gceist agam agus an-dul thar a chéile i gceist leo sin, ar ndóigh, ach ní miste a lua, b'fhéidir, nach bhfuil anseo ach blas ar an ábhar béil agus go bhfuil go leor eile bailithe faoi bhliain na bhFrancach arbh fhiú taighde mhionchruinn a dhéanamh air. Ní miste a lua chomh maith gur ábhar é seo a bhfuil a bhunús sa ngnáthphobal agus nach ionann é ar ndóigh agus fíricí doiciméadacha, taifeadta, na staire oifigiúla. Tá tábhacht dá chuid féin leis an ábhar béil ach ní hionann sin is a rá, ar ndóigh, nach bhfuil baint aige leis an stair. Gnéithe de shamhlaíocht agus de chuimhne an phobail a bheidh i gceist agam sa bpíosa gearr anseo agus ábhar a bhfuil dlúthbhaint aige le himeachtaí staire atá ann ag an am céanna.

Maidir le hamhráin i nGaeilge a bhfuil baint acu le 1798 thiar, is beag díobh atá tagtha chun solais agus is mó de sheanchas faoi na hamhráin agus de sheanchas eile atá ann. Tharlódh ar ndóigh go bhfuil cuid mhór acu imithe i léig agus go bhfuil baint aige seo, ní hé amháin le meath na Gaeilge, ach le himeacht aimsire agus cuimhne an phobail chomh maith. Ní miste, b'fhéidir, cúpla focal a rá faoi fhilí cáiliúla Mhaigh Eo i dtosach. Duine acu seo ba ea Riocard Bairéad nó Dic Barrett. Bhí sé ina Éireannach Aontaithe agus chaith tréimhse i bpríosún Chaisleán an Bharraigh i 1798 i ngeall air seo. Rugadh i gceantar an Mhuirthead é agus de réir cosúlachta is ann a chaith sé a shaol. Is ait an rud é gan Éirí Amach 1798 ina ábhar amhrán ag an mBairéadach ná ag an bhfile eile úd, Micheál Mac Suibhne, a rugadh thart ar 1760 agus a fuair bás in 1820. Gar do Chonga a rugadh Micheál Mac Suibhne agus chaith sé cuid mhór dá shaol i gConamara. Faoi mar a thug Richard Hayes faoi ndeara in *The Last Invasion of Ireland*:

... in 1798—the year of the French as it is still known in the west—there lived in Mayo two poets, Michael MacSweeney and Richard Barrett, who were men of considerable literary attainments. Both were United Irishmen, and

Barrett displayed such activities after the French landing that he was imprisoned in Castlebar jail for several months. It is curious that none of their poems has for its subject or inspiration what must have been a tremendous event at the period; and the fact constitutes an anomaly which can only be explained, by the strong probability that many of their verses are lost.[2]

I leabhar a scríobh Nicholas Williams, *Riocard Bairéad: Amhráin*, deir sé gur aor agus greann is coitianta ag an mBairéadach,[3] agus is léir go raibh sé go mór ar a chompord leo seo. B'fhéidir gur ar an údar seo nach bhfuil amhráin uaidh faoi 1798 ar fáil. Nó faoi mar a deir Williams, b'fhéidir gur i ngeall ar chuimhní mhítaitneamhacha i bpríosún agus go raibh sé féin beagnach trí scór bliain d'aois ag an am gur gríosú a rinne sé seachas gníomhaíocht mhíleata ó cheart a bheith ar siúl aige.[4] Thiocfadh sé i gceist chomh maith gur faitíos roimh na tiarnaí talún a chuir bac ar na filí seo agus ar fhilí áitiúla eile a dhul ag cumadh faoin Éirí Amach. Pé scéala é, ní hionann an chumadóireacht atá ar fáil againn ó Riocard Bairéad ná ó Mhicheál Mac Suimhne agus cumadóireacht Raiftearaí a bhfuil oiread sin den pholaitíocht agus den troid ina chuid filíochta.

Ach tá roinnt amhrán ann a mhaireann nó a maireann a gcuimhne nó a rian a bhfuil baint acu le 1798. Cuid acu seo is véarsaí iad ina gcuirtear fáilte roimh na Francaigh agus déantar iarracht daoine a ghríosú le dul in éineacht leo. Amhrán an-choitianta é 'An Spailpín Fánach', amhrán a cloistear minic go leor sa lá atá inniu ann. Sa leagan den amhrán seo atá ag na Máillí in *Amhráin Chlainne Gaedheal* cuirtear lúcháir agus dóchas in iúl:

Tá na Franncaigh anois istigh i gCill Eala,
Agus béidhmuid go leathan láidir;
Tá Bonaparte i gCaisleán an Bharraigh,
Ag iarraidh an dlighe a cheap Sairséal.
Béidh bearaicí an ríogh is gach éan-oidhche thrí lasadh
Agus yeomen againn ar gárda,
Puiceanna an Bhéarla go síorruidhe d'á leagan-
Sin cabhair ag an Spailpín Fánach[5]

Cé gur dóigh gur amhrán Muimhneach ó thús é seo, is iomaí leagan áitiúil ann.

Maidir le hábhar a bhfuil an meon céanna ann, fuair an bailitheoir béaloidis, Micheal Corduff, rann óna sheanmháthar, Brigid Corduff, nó Biddy Rooney. Sheol sé isteach chuig Coimisiún Béaloideasa Éireann é i 1946 agus míniú in éineacht leis gur rugadh ise go luath tar éis bhliain na bhFrancach agus go raibh scéalta aici ó dhaoine a chonaic na longa ag teacht isteach go Cuan Chill Chuimín. Bhí véarsa aici a cumadh ag spreagadh na nÉireannach, go háirithe fir Mhaigh Eo, a theacht agus seasamh le hArm na Fraince agus a dhul ag máirseáil le Caiptín Anraí Ó Catháin, sagart Éireannach, a bhí in éineacht le Humbert nuair a tháinig na Francaigh i dtír i gCill Chuimín. Seo é an rann:

Tá na Francaigh i gCill Ala,
Is fada a gcoll ar Chlanna Gaeil,
Tógaidh suas ar gcroí is bhur misneach,
Agus siúlaigh amach le Caiptín Kane.[6]

Sa seanchas a chuir Michael Corduff le chéile tá sé raite go mba é Micheál Mac Craith nó 'Micheál na nAmhrán' a chum é sin. Ba as baile os cionn Chuan an Inbhir é agus is cosúil gur cailleadh é lár an chéid seo caite. Chum sé an-chuid amhrán náisiúnta, tírghrá, agus amhráin chráifeacha chomh maith. Ní raibh aon Bhéarla aige ná aon oideachas foirmeálta de chineál ar bith air. Bhí sé gan léamh ná scríobh. Bhí Michael Corduff den tuairim go bhfuil a chuid amhrán iontach binbeach agus lán le tuairimí claonta.[7]

Crochadh

Tá amhráin ann faoi dhaoine a bhí ar a dteicheadh nó a crochadh i ngeall ar a bheith páirteach san Éirí Amach. Is dóigh go bhfuil an tAthair Mánus Mac Suibhne ar an duine is mo a bhfuil seanchas ann faoi in oidhreacht bhéaloidis 1798 i nGaeltacht Mhaigh Eo. Tá cuid mhór den seanchas agus den stair seo foilsithe cheana féin, ar ndóigh.[8] Crochadh an tAthair Mac Suibhne i ngeall ar a bheith páirteach san Éirí Amach nó, mar a dúradh sa gcúirt airm i mBealtaine 1799: 'being concerned in the rebellion, levying money for the use of the French, and being an active rebel leader.'[9]

Faoi mar a tharlaíonn go minic sa traidisiúin le daoine cáiliúla, rinneadh tairngreacht faoin sagart seo a luaithe is a tháinig sé ar an saol. Insítear scéal faoi athair Mhánuis, gur chuir sé soitheach agus a fhoireann á sábháil ag muintir an bhaile agus gur thug sé caiptín an tsoithigh abhaile leis, thug éadaigh thirime agus bia dó agus mar sin de. Bhí bean an tSuibhne ar tí páiste a thabhairt ar an saol agus dúirt an caiptín leis an mbean a bhí ag freastal uirthi, an páiste a choinneáil siar deich nóiméad. Dúirt an bhean nárbh fhéidir sin a dhéanamh agus saolaíodh Mánus. Dúirt an caiptín go gcrochfaí Mánus ach go mbeadh sé saor air sin dá mbeadh an bhreith coinnithe siar deich nóiméad eile.[10]

Is cosúil gur éirigh leis an Athair Mánus a chosa a thabhairt leis tar éis an Éirí Amach agus go raibh sé faoina chúram ag ministéir protastúnach i gCill Ala go dtí go bhfaigheadh sé deis éaló as an tír. B'fhada leis imeacht as an ngéibheann agus thug faoi dul abhaile go hAcaill. Bhí fear eile in éineacht leis le cabhrú leis ar an aistear. Tháinig siad chuig cainéal beag, áit a raibh bradán marbh ar chúl a chinn insa gcainéal agus a bholg os a chionn. Sheas an sagart ag breathnú air agus duirt lena fhear faire:

'Tig leatsa a bheith a gabháil abhaile anois,' a dúirt sé, 'tá mé buíoch duit. Sin é an bás ansin anois a casadh orm. Tá an bás ormsa anois', ar seisean, 'tig leatsa a bheith ag gabháil abhaile'.[11]

Chuaigh an sagart siar go hAcaill nó go bhfaca sé a mhuintir a choinnigh i bhfolach ar thaobh sléibhe é ar feadh i bhfad ach d'éirigh sé tuirseach de sin agus tháinig ar ais i measc an phobail ach gnáthéadach air agus is ansin a chuir spiadóirí scéala chuig na ceithearnaigh.

Chuaigh sé i bhfolach i dteach, thuas ar an lota, agus bhí na saighdiúirí thart ar an teach. Bhí seanbhean sa gclúid sa teach agus nuair a bhí na yeomen ag dul thart le pící, thosaigh siad ag sá gach uile shórt. Bhíodar ag sá suas i dtreo an lota agus bhéic an tseanbhean: 'Dia dhá réiteach,' ar sise, 'maróidh siad an sagart.' Thuig na ceithearnaigh an méid seo agus gabhadh é.

Tugadh an sagart ansin go Baile Uí Fhiacháin agus rinneadh stafal dó de chairt agus crochadh den chairt é i mBaile Uí Fhiacháin, Meitheamh na bliana tar éis bhliain na bhFrancach, agus faoi mar a thug an bailitheoir béaloidis, Pádraig Ó Moghráin, faoi deara, tá sé sa mbéaloideas ó shin, nach dtiocfaidh aon lá aonaigh an Mheithimh choíche gan a bheag nó a mhór de bháistigh a bheith ina cuideachta i gcomhartha an éachtaigh uafásaigh a tharla an lá sin sa mbliain 1799.[12] Deireadh máthair Mhichíl Uí Gallchobhair, údar *Amhráin ó Iorrus*, go raibh a seanmháthair féin, Bríd Uí Mhuireadaigh, i láthair an chrochta i mBaile Uí Fhiacháin[13] an lá aonaigh sin a roghnaíodh, 'nuair a bheadh muintir na seacht bparóiste cruinn idir charaid agus namhaid.'[14]

Bheifí ag súil le laoch pobail chomh tábhachtach leis an Athair Mánus go gcumfaí amhrán faoi agus cumadh. Caoineadh atá ann. I leagan foilsithe de, deirtear go mba é Éamonn Ó Maolmhaodhóg a chum.[15] Seo ceann de na véarsaí atá sa leagan foilsithe seo:

> Mo mhallacht-sa go brách do'n Dálach a's dá phór,
> A cheangail a dhá láimh nár thlaíth ariamh i n-am gleó;
> Sliocht iarlaidheacht Inis Fhánaird[16] a shíolruigh ó Chonall Ceárnach,
> Acht a dtigidh Bónapáirtí buainfeam sásadh amach go fóill![17]

Is cosúil gurb é an Dálach atá luaite sa gcéad líne Sir Niall Ó Domhnaill a mba de mhuintir Dhálaigh é. Thugtaí 'Niall Garbh' air freisin agus ba é a thug fianaise in aghaidh an tsagairt agus an véarsa deireanach sa leagan sin:

> Tá an Nodlaic seo go dubhach ag an triúr atá n'-a dhiaidh,
> Andí, sgoth na cúigeadh, 'sé mo cumhaidh é dhul i dtréas,
> Chuaidh Séamas do'n Oileán Úr uainn, 's clann Éamainn níl aon dúil leo,
> 's an méid sin fear mar dubhras, nar chliútamhail iad i ngach céim.[18]

Bhailigh Micheál Ó Tiománaidhe leagan den amhrán thart ar 1903 agus é tugtha síos aige go mba é Pádraig Daeid, an file a cheanglaítear chomh mór sin le hAcaill, a chum. Seo é an leagan úd, leagan nár foilsíodh fós, go bhfios dom:

Nach é bás an Ath. Mánus, d'fhág fán air go leor,
Gaeil bhochta, chráite is gach lá ag sileadh deor.
Dá maireadh sé agus grásta, agus Bonaparte theacht thar sáile
Chuirfeadh sé crann Liberty in airde lena dhá lámh i Newport.

Tá duifean ins an spéir agus na realtaí faoi cheo,
United Men gan aon smid agus atá an ghrian ag cailleadh an teo.
Ó d'éag sé flaith na féile is é a sheasamh dúinn na Gaolaigh
An leon an fhuil ba thréine nach ngéilleadh do go leor

Tá na Francaigh gafa gléasta agus Humbert ag teacht thar toinn
Golfaidh siad go géar é agus éiric a thairt ann.[19]

Tá dán a bhí in Iorras daicheadaí na haoise seo tugtha sa leabhar *Fánaidheacht i gConndae Mhuigheo*, agus seo an chéad véarsa de sin:

Tá a cholainn sa talamh
Is a anam i bhFlaitheas,
Faoi chúram na n-aingeal,
na n-aspal is na naomh;
is gan cosg le n-a theangaidh,
Ach ag agairt na Tríonóide
Éire a shaoradh
Ó ghangaid 's baoghal.[20]

Duine eile a raibh cáil air ba ea an Caiptín Murphy, a bhfuil amhrán faoi ag Ó Tiománaidhe in *Abhráin Ghaedhilge an Iarthair*.[21] De réir na gcuntas ba as Droichead Átha é ach bhí sé ina chónaí i gCill Ala agus é an-ghníomhach i gcúrsaí smuglála agus é gafa go mór leis na hÉireannaigh Aontaithe. Ba é a thug an scéala chun na Fraince go raibh na Francaigh tagtha i dtír i Maigh Eo. D'fhill sé ar Éirinn arís agus thug 20 nó 30 Éireannach a bhí páirteach san Éirí Amach ar ais go dtí an Fhrainc.[22]

Amhrán brónach grá é 'An Caiptín Murphy' mar, de réir an tseanchais, gur phós an Caiptín Murphy iníon feilméara as gar don bhFód Dubh;

níor fhan sé aici ach mí, is cosúil, agus ní fhaca sí ní ba mhó é, is dóigh go raibh sé ag dul anonn go dtí an Fhrainc. De réir cosúlachta, bhíodh sé ag plé le cúrsaí farraige agus smuglála, chomh maith le cúrsaí polaitíochta. Ní haon ionadh mar sin an véarsa seo a bheith ann:

Nuair a luighim ar mo leabaidh is mo phaidir mo dheór,
Is an uair éirighim ar maidin 'sí an Fhrainnc a shín rómham,
Déanfaidh mé mo chasaoid leis an bPápa ins an Róimh,
Go bhfuil mo chéad ghrádh do mo shéanadh's nach mbéidh mé i bhfad beó[23]

Tá mothú láidir in amhrán dar teideal 'Buiríos Umhall'.[24] Tá tagairt sa véarsa deireanach do bheirt, Aibhistín agus Joe, agus é ráite sa gcur síos ar an amhrán seo, go raibh gach aon duine acu páirteach in Éirí Amach 1798 agus gur throideadar i gCaisleán an Bharraigh agus i mBéal Átha na Muc. Cuireadh Joe chun báis de réir ordú an Tiarna Cornwallis ach d'éirigh le Aibhistín teicheadh chun na Fraince áit ar dearnadh coirnéal de. I ndeireadh a shaoil bhí sé dall agus d'fhill sé ar Bhuiríos Umhaill agus de réir an chuntais, tá sé curtha in uaigh an teaghlaigh i mainistir Bhuiríos Umhaill. Ach níl aon tagairt san amhrán féin do na himeachtaí seo.

Samplaí iad 'An Caiptín Murphy' agus 'Buiríos Umhaill' d'amhráin nach léir as na véarsaí féin an saibhreas seanchais a bhaineann lena gcúlra. Amhrán eile faoi dhuine a bhí ar a theicheadh, 'An Caiptín Máilleach',[25] a bhfuil sé ráite go mba mhac é an Captaen Séamus Ó Máille le Alexander Ó Máille, a raibh talamh aige, in Éadan, Cnoc Mhuire. Bhí sé féin agus Richard Jordan ó Rúscaigh, ina gceannairí ar na hÉireannaigh Aontaithe ó Chnoc Mhuire agus Achadh Mór agus ghabhadar baile Chlár Chlainne Mhuiris. Fuair siad cúnamh armála ansin agus leanadar orthu go ndeachaigh siad isteach le Humbert i gCaisleán an Bharraigh. Lean an Máilleach air leis an Arm Éireannach-Francach go dtí gur tharla an scriosadh deireanach i mBéal Átha na Muc, Longfort. Go luath ina dhiaidh sin, gabhadh Séamus agus a dheartháir, Alexander, agus daoradh chun báis iad. Cuireadh Séamus, nó 'Séamus Bán', chun báis agus ligeadh a bheo leis an deartháir óg, Alexander. Cuid den chúis a bhí taobh thiar de seo is cosúil, go mba ghiúistís a bhí san athair.

Is iomaí cur síos sa seanchas gur gabhadh an chuid is mó de cheannairí an Éirí Amach i ngeall ar eolas a thug fear darbh ainm Denis Browne uaidh, duine a bhfuil fíor-dhroch-cháil air i gcónaí sa traidisiún béil. Thugtaí 'Buinneachaí Buí' nó 'Donncha an Rópa' air i nGaeilge agus 'Soap the Rope' i mBéarla. I measc na ndaoine ar thug sé eolas ina gcoinne bhí Richard Jordan agus Thomas Flatley a mba as Cnoc Mhuire gach aon duine acu. Is cosúil go raibh de cháil air i ndiaidh Éirí Amach 1798 go gcrochadh sé fear in aghaidh an lae, beagnach, sa gcearnóg i gCaisleán an Bharraigh. Bhailigh Pilib de Bhaldraithe ó Beal Átha hAmhnais leagan de 'An Caiptín Máilleach'[26] timpeall is céad bliain ó shin.

Cé gur le contae na Gaillimhe is mo a cheanglaítear Raiftearaí, bhí eolas maith aige ar chuid, ar a laghad, de chontae Maigh Eo mar go mba i gCill Liadáin, gar do Choillte Mach, a rugadh é sa mbliain 1779 agus dá réir, bhí sé ina fhear óg bliain na bhFrancach. Chum sé roinnt mhaith amhrán a bhfuil tréith láidir pholaitiúil le sonrú iontu agus orthu sin tá ceann a bhfuil baint ar leith aige le contae Mhaigh Eo. Seo é 'Na Buachaillí Bána' ina ndéantar an Donncha Brún céanna a cháineadh go géar. Tá fonn díoltais ar chuid den drochiompar seo i gceist sa gcéad véarsa den amhrán 'Na Buachaillí Bána':

A Dhonncha Brún is deas chraithfinn láimh leat,
agus ní le grá duit acht le fonn do ghabháil,
cheanglóinn suas thú le rópa cnáibe
agus chuirfinn mo spiar i do bholg mór.
Mar is iomdha buachaill maith a chuir tú thar sáile
a thiocfas anall fós is cúnamh leo,
faoi chultaí dearga agus hataí lása,
is beidh an droma Francach ag seinm leo.[27]

Cé go leagtar an t-amhrán ar Raiftearaí, bhí an Craoibhín in amhras arbh é Raiftearaí a chum ar chor ar bith cé nach luann se cúis leis an amhras seo.[28] Chomh maith leis an gcáineadh géar atá sa dán agus an fonn díoltais ann is dán é ina ndéantar iarracht misneach a chur sna daoine.

In eagrán den iris *An Stoc*, mí na Nollag, 1925, foilsíodh leagan den amhrán 'Cogadh Chill Ala' agus an téama céanna i gceist go bunúsach.

Tá dul thar a cheile i gceist idir é agus 'Na Buachaillí Bána' ag Raiftearaí sa méid gur ionann véarsa trí agus ceathair de 'Cogadh Chill Ala' agus an chéad véarsa de 'Na Buachaillí Bána'. In 'Cogadh Chill Ala' tá éadochas, aiféala agus dóchas arís le sonrú ann:

An t-ochtmhadh lá fhiche do mhí na Lughnas
'Seadh tháinig na Franncaigh le héirghe an lae,
Fuair muid fios uatha ó Chrois Maoil Fhíona
Gur ag Bearna na Gaoithe bheadh orra an retréat.

Mar bhí na Sasanaigh ar fad dhá gcaochadh,
le neart púdair bhí ag Clanna Gaedheal
Is dhá mbeadh uair bheag eile againn le cum na hoidhche
Bheadh tuilleadh is naoi míle aca le cur fá'n gcré.

Go seasaigh an 'liberty' go gcruthuightear an lá sin,
Is go gcuirimid an Eaglais ag guidhe Dé
Le fleet Shasana a chur i dtuile bháidhte,
Agus go n-éirighe an t-ádh indiu le Clanna Gaedheal [29]

Tá, go bhfios dom, áibhéil áirithe i gceist leis an 'tuilleadh is naoi míle acu', agus, anuas air sin, sílim go mba é an 22 Lúnasa a shroich na Francaigh Cill Ala. Ba é Tomás Mac Eochaidh a fuair an leagan sin ó sheanfhear a rugadh is a tóigeadh in áit ar a dtugtar Casán in aice Bhaile Átha an Rí. Dúirt an seanfhear le Tomás go raibh sé faighte aige óna sheanathair trí scór bliain roimhe sin, sin is dóigh thart ar 1865. Tá an-dul thar a chéile idir 'Na Buachaillí Bána', 'Cogadh Chill Ala' agus amhrán eile, 'Na Francaigh Bhána' atá i dtraidisiún amhránaíochta Uladh.[30]

Sa traidisiún béil, ceanglaíodh 1798 le hamhráin, ar dóigh, nach raibh aon bhaint acu leis agus is sa seanchas a thagann an ceangal le 1798 i gceist. Agus é ag caint faoin amhrán 'Col na Binn' atá coitianta i dtraidisiún amhránaíochta Mhaigh Eo i gcónaí go bhfios dom, dúirt Micheál Ó Gallchobhair gur fear de mhuintir Mhic Iúrtánaigh a bhí ar a theicheadh ar Acaill a rinne é ach nach raibh aon bhaint aige leis na

Francaigh agus gur dóigh gur thart ar 1840 a cumadh an t-amhrán féin. Bhí aithne ag Micheál Ó Gallchobhair ar fhear a luaitear san amhrán, Tom Daly.[31] Tá an cuntas ag Micheál Ó Tiománaidhe in *Abhráin Ghaedhilge an Iarthair* ag teacht leis seo gur thart ar 1840 a cumadh an t-amhrán.[32] Sa mbliain 1946 bailíodh seanchas faoin amhrán sin a cheanglaíonn go dlúth é le bliain na bhFrancach.[33] Gar do Chaisleán an Bharraigh ag bun Chnoc Néifinne atá Cúl na Binne. Bhailigh Michael Corduff cuntas ina raibh sé ráite go mba fear ó Chúl na Binne, Peadar Mac Siúrtáin, a chum 'Col na Binne', fear a chuir buíon bheag ghnáthdhaoine le chéile a mháirseáil go Cill Ala le troid ar thaobh na bhFrancach. Mháirseáil siad le harm Humbert agus ghlac páirt i ngach troid go dtí an tubaiste i mBéal Átha na Muc. Theich na saighdiúirí Éireannacha faoi chnoic is sléibhte ag imeacht ó na Sasanaigh agus tháinig laoch Chúl na Binne agus é gonta go dona. Theich sé go hAcaill, áit ar tháinig fiabhras air agus fuair sé bás i gCaol agus tá sé curtha i reilig Sliabh Mór. Sular cailleadh é chum sé an t-amhrán 'Caoineadh Chúl na Binne', i ngeall ar a bheith ina dheoraí ar Acaill de bharr 1798. Ina fhianaise sin chomh maith, nuair a bhí Proinsias Ó Conluain ag bailiú amhrán ar Acaill i 1958, insíodh dó ina chuid de sheanchas an amhráin gur i ngeall ar 1798 a cumadh é.[34] B'fhéidir go léiríonn cúlra an amhráin, mar a bhí ag Michael Corduff, mar a insíodh do Phroinsias Ó Conluain, mar atá sa leabhar *Fánaidheacht i gConndae Mhuigheo*,[35] agus mar a foilsíodh é san iris, *An Gaodhal*, 1897, chomh maith, claonadh an bhéaloidis drámatúlacht agus finnscéalaíocht a fhorbairt agus béim a leagan ar thábhacht 1798 i gcuimhne an phobail.

Bhí cuimhne agus seanchas in áiteanna eile faoi imeachtaí 1798 i Maigh Eo. In iarthar Chonamara, de réir an tseanchaí Seosamh Mac Donncha, chonaic muintir na hAirde gar do Charna cuid de na himeachtaí. Dúirt Seosamh:

Chonnaic muinntir na hÁirde soithigh na bhFranncach a' gul siar Bliain na bhFranncach

Bhídís ag iasgach timcheall na Sgeirdí agus chonnaic siad na soithigh chogaidh.[36]

Agus tá cuntas ann ón Seosamh Mac Donncha céanna ar an Athair Maoilre Preandargás, sagart a tháinig ar a theicheidh go Conamara tar éis dhó éaló as príosún Chaisleán an Bharraigh. Cé go raibh na ceithearnaigh ar a thóir agus é i gCarna, d'éirigh leis éaló agus níor gabhadh ariamh é. Bhí teach beag aige i mBéal an Átha Buí gar don Chlochán. Bhí sé féin agus beirt fhear de chlann mhac dearthár dó, Aifí Mac Giobúin agus Seán, bhíodar i bpríosún le chéile i gCaisleán an Bharraigh. Tháinig an dá Ghiobúnach a d'éalaigh as an bpríosún leis an Athair Maoilre go Conamara. Chaith Seán Mac Giobúin tamall thart ar an gCoill Mhór. Ach chuaigh sé ar ais go contae Mhaigh Eo chuig bainis agus gabhadh é agus chuir Donncha Brún á chrochadh é i gCathair na Mart.

Ach cumadh amhrán faoi Aifí Gibbons féin. De réir an tseanchais, agus Aifí ar a theicheadh ó Chill Ala bhí sé i mBoifinn agus maraíodh go fealltúil ann é agus é ag ól dí. Tá rann amháin san amhrán ina bhfuil mothú an-láidir i gceist maidir leis na Francaigh:

Is measa liom ná an méid sin
An bhuaidheadh atá ar Ghaedheala,
An sméar mhullaigh a gabháil go léig orthú,
Le héacóir is le feall:
Is gurb as Cill Alaidh a ghluais 'dé-smál
A dhíbir sinn ó chéile,
Na Francaigh a thígheacht go hÉire,
Mo léan agus mo chrádh.[37]

Bhí sé ráite gurb é deartháir a athar, uncail Aifí féin, a rinne an t-amhrán sin d'Aifí. Bhí an deartháir ina chónaí ar Oileán Dá Chruinne, gar do Rinn Mhaoile. Déantar Aifí a mholadh go spéir sa gcaoineadh seo. Cuirtear an milleán ar na Francaigh mar gur chlis orthu san iarracht agus gurb iad is cúis leis an trioblóid ar fad in Éirinn.[38]

Agus duine eile a fuair bás tubaisteach agus a bhí páirteach in Éirí Amach 1798 ba ea an Caiptín Seoirse Chambers. Bhí teach mór agus talamh ag a athair cúpla míle ó dheas ó Chaisleán an Bharraigh, agus bhí Seoirse ag troid ar thaobh na bhFrancach agus na nÉireannach, cé go raibh deartháir leis ina chaiptín ar an taobh Sasanach. Cuireadh cúirt airm ar Sheoirse Chambers agus crochadh é i mBaile an Róba, is cosúil, ach bhí níos mó ná Éirí Amach 1798 i gceist lenar cuireadh ina leith. Bhí sé curtha ina leith go raibh sé ag speireadh ainmhithe. Tá véarsa den amhrán ar aon dul le véarsa as an amhrán, 'Príosún Chluain Meala', agus véarsa eile ar aon dul le cuid den amhrán 'Donncha Bán'. San amhrán cuireann Seoirse in iúl nach bhfuil sé ciontach sa speireadh. Deir sé:

> Ní raibh mo shleath gleustadh, mo chlaidheamh geur nó m'arm teine,
> 's a dhaoine uaisle na h-Éireann, nárbh olc mo ghleus le dhul ag speiriudh![39]

Foilsíodh an t-amhrán in *An Gaodhal* 1885, agus nóta curtha leis go raibh an-tóir ag muintir Chappacharnáin atá i bparóiste Bhaile an Tobair ar an amhrán an t-am sin.

Bhí na 'Francaigh Bhána' a luaigh mé ar ball ag an amhránaí cáiliúil, Róise Ní Ghrianna, nó Róise na nAmhrán, as Árainn Mhór i dTír Chonaill. Agus amhrán eile a bhí aici ina bhfuil tagairt do bhliain na bhFrancach i gcontae Mhaigh Eo, 'Bacach Shíol Aindí':

> An raibh tú i gCill Ala nó i gCaisleán an Bharraigh,
> Nó an bhfaca tú an campa a bhí ag na Francaigh.
> Mise agus tusa agus ruball na muice,
> Agus bacaigh Shíol Aindí bacaigh Shíol Aindí.[40]

Ní shílim gur fios baileach cén bunús atá le bacaigh Shíol Aindí ach go mb'fhéidir gur ó 'Bucky heelander' an Bhéarla é, mar a bheadh ag reisimintí Albanacha agus iad in Éirinn i 1798. 'Booky's highlanders' a tugadh ar an reisimint. Is cosúil go raibh droch-cháil na brúidiúlachta ar reisimint gharbhchríocha na hAlban i gceantar Bhaile Uí Fhiacháin agus Chill Mhíona ar feadh i bhfad ina dhiaidh.[41] Amhrán é 'Bacach Shíol Aindí' a shamhlófaí le páiste a bhréagadh nó le spraoi a dhéanamh seachas mar amhrán stairiúil. I rann tapa eile, cuid de leagan den amhrán 'óró a mhíle grá' gach uile sheans, a bhailigh Pádraig Bairéad ó Nóra Ní Ruadháin, Deibhlean, Clochar i bparóiste Chill Mhóir i 1936, deirtear:

Is óra, óra, óra, agus óra a mhíle grá,
Níor fhág aon bhean óg Deibhleán,
Ó bhí na Francaigh i mBéal an Átha.[42]

Léiriú atá sa bpíosa gearr sin, sílim, ar an tábhacht a bhí i súile an phobail le teacht na bhFrancach go Maigh Eo, agus léiriú freisin go nglactar leis mar phointe ama ar tharla rudaí roimhe agus ina dhiaidh. Is cinnte go dtaispeántar sa traidisiún béil go raibh tionchar ag imeachtaí Éirí Amach 1798 ar shaol, ar sheanchas, agus ar amhráin an phobail thiar.

Nótaí

[1] Tá cuntas ar chuid de na hamhráin a bhfuil baint acu le 1798 ag O'Rourke, B., 'County Mayo in Gaelic Folksong' in *Mayo: Aspects of its Heritage*, Galway 1982, 189-191.

[2] Hayes, R., Dublin 1937, 247.

[3] Williams, N., *Riocard Bairéad: Amhráin*, Baile Átha Cliath 1978.

[4] *ibid*., 31

[5] Ó Máille, M. & T., Baile Átha Cliath 1905, 94.

[6] Cnuasach Bhéaloideas Éireann, Roinn Bhéaloideas Éireann, Ollscoil na hÉireann, Baile Átha Cliath, CBÉ 1244:251; CBÉ 1534:522-3

[7] CBÉ 1534:522-3.

[8] Hayes 1937, 313-316. Ó Moghráin, P., 'Gearr-Chuntas ar an Athair Mánus Mac Suibhne' in *Béaloideas* 17, Baile Átha Cliath 1947, 1-57.

[9] Ó Moráin, P., *Annála Beaga Pharáiste Bhuiréis Umhaill*, Ní luaitear áit a fhoilsithe (1957?), 120a.

[10] CBÉ 523:371-375. Pádraig Mac Meanmain (83), An Cloigeann, Baile Chruaich, Iorras, a d'inis do Phroinnsias de Búrca, bailitheoir lanaimseartha ag Coimisiún Béaloideasa Éireann, 16 Samhain, 1937.

[11] *ibid*., 380

[12] Ó Moghráin 1947, 22.

[13] Ó Gallchobhair, M., 'Amhráin ó Iorrus' in *Béaloideas* 10, Baile Átha Cliath 1940, 238.

[14] Ó Moghráin, P., 1927, 20.

[15] Ó Gallchobhair, M., 1940, 237.

[16] Tá nóta leis seo gur 'Fhánaid'atá i gceist.

[17] *ibid*., 237

[18] *ibid*.

[19] CBÉ Bosca, Micheál Ó Tiománaidhe.

[20] Mag Uidhir, S., *Fánaidheacht i gConndae Mhuigheo*, Baile Átha Cliath 1944, 79. Tá mé faoi chomaoin ag Seán Ó Héalaí, Raidió na Gaeltachta, a chuir ar an eolas mé faoin dán seo.

[21] Ó Tiománaidhe, M., *Abhráin Ghaedhilge an Iarthair* 1906, 30-32.

[22] Hayes 1937, 258-259.

[23] Ó Tiománaidhe 1906, 31.

24 Tá leagan de foilsithe in *An Claidheamh Soluis agus Fáinne an Lae* Baile Átha Cliath, Meán Fómhair, 1901, 439. Tá tugtha síos sa gcuntas leis an amhrán seo go bhfuarthas é ó Aodh Ó Domhnaill, Cill Míne, agus go mba é Maitiú Ó Giobúin a chum.

25 Hayes 1937, 328; *Songs of Past and People: Singers from East Mayo* Dreoilín 001, 1994.

26 *Songs of Past and People*, 1994.

27 Ó Coigligh, C., *Raiftearaí: Amhráin agus Dánta*, Baile Átha Cliath 1987, 148.

28 Hyde, D., *Abhráin atá Leagtha ar an Reachtúire*, Baile Átha Cliath 1903, 192.

29 *An Stoc*, Gaillimh, Nollaig 1925, 6.

30 Ó Muirgheasa, E., *Dhá Chéad de Cheoltaibh Uladh*, Baile Átha Cliath 1934, 26-27.

31 Ó Gallchobhair 1940, 227.

32 Ó Tiománaidhe 1906, 86.

33 CBÉ 1244: 463. Michael Corduff, Ros Dubhach, Béal an Átha, Contae Mhaigh Eo a bhailigh, 1945-1946.

34 'Amhránaíocht ó Iorras.' Léacht a thug Proinsias Ó Conluain, 16 Deireadh Fómhair, 1985 i gcúrsa seachtrach *Ceol agus Amhránaíocht na hÉireann* in Ollscoil na hÉireann, Baile Átha Cliath.

35 Mag Uidhir 1944, 66-69.

36 Mac Giollarnáth, S., *Annála Beaga ó Iorrus Aithneach*, Baile Átha Cliath 1941, 64.

37 Ó Máille, T., *Micheál Mhac Suibhne agus Filidhe an tSléibhe*, Baile Átha Cliath 1933, 63. Féach freisin *An Claidheamh Soluis*, Baile Átha Cliath, 5 Lúnasa, 1899, 326-7.

38 Hayes 1937, 249-250.

39 Ó Moghráin 1945, 46.

40 CBÉ 1188a. Taifeadadh a rinne Leo Corduff agus Seán Ó hEochaidh, Feabhra, 1953. Féach freisin *Songs of 1798*, Baile Átha Cliath, eag. 1997, 15.

41 Is cosúil go maireann an tuairim seo sa tsláinte: 'Sláinte mhór mhaith agus go hifreann leis na hAlbanaigh'.

42 CBÉ 227:432.

Gearóid Ó Tuathaigh

Ollamh i Roinn na Staire, Ollscoil na hÉireann, Gaillimh. Tréimhsí caite aige ina ollamh ar cuairt in ollscoileana éagsúla sa Bhreatain agus i dTuaisceart Mheiriceá (Ceanada agus na Stáit Aontaithe). Roinnt leabhar agus cuid mhaith alt foilsithe aige, i nGaeilge agus i mBéarla, ar ghnéithe éagsúla de stair na hÉireann agus na Breataine, go háirithe sa naoú haois déag agus san fhichiú haois.

CUIMHNEACHÁIN AGUS CUIMHNÍ CINN

Ag tús mhí an Mhárta 1998, seachtain roimh lá fhéile Pádraig, bhíos ag tiomáint liom idir Áth Cinn agus Baile an Róba nuair a chualas díospóireacht ar chlár beo ar an raidió a bhí ar siúl agam sa charr. Clár bríomhar a bhí ann. Is é a bhí mar ábhar díospóireachta don mhír de a fuaireas-sa, cén uair agus cén áit is túisce a nochtadh an brat trídhathach mar shiombal ar Éirinn. Bhí fear as Port Láirge ag maíomh gur sa chathair sin a nocht Thomas Francis Meagher an brat úd den chéad uair, tar éis dó filleadh ó Pháras, a bhí suaite arís ag corraíl pholaitiúil, in earrach na bliana 1848. Ar an taobh eile, bhí fear as Inis Córthaidh, a raibh baint aige le Coiste Comórtha 1798, den tuairim gur nochtadh an brat ar an mbaile sin taca an ama a raibh Meagher ag déanamh an bhirt i bPort Láirge. Pé scéal é, dúirt fear Inis Córthaidh, cibé rud faoi fhianaise na staire, go raibh socraithe ag Coiste Comórtha 1798 in Inis Córthaidh an ócáid a chomóradh le searmanas beag, ina mbeadh buíon bheag den FCA, rosc ceoil ó bhúigléir áitiúil, agus nóiméad glan ciúinis in ómós cuí, a dúirt sé, don bheirt fhear—Caitliceach agus Protastúnach, dlúthchairde—a scaoileadh go fealltach cúpla lá roimhe sin i Poyntz Pass.

Ghlac fear Phort Láirge go séimh, socair le hinsint fhear Inis Córthaidh ar a raibh beartaithe mar shearmanas sa bhaile sin (cé nár ghéill sé tús áite do na Carmanaigh maidir le nochtadh an bhrait in 1848), agus chríochnaigh an comhrá eatarthu ar nóta deas, cairdiúil. Comhrá nó díospóireacht spéisiúil a bhí anseo, dar liom. Ach fiú daoine nach raibh ag éisteacht leis an gcomhrá áirithe seo, bheadh tuiscint mhaith acu ar a raibh faoi chaibidil, óir tá míreanna den chineál seo faoi shearmanais chomórtha de gach saghas faoi thrácht beagnach gach lá sa tseachtain i gcúinne éigin de na mórmheáin chumarsáide. Is í fírinne an scéil, go bhfuilimid báite ar fad le hócáidí cuimhneacháin, comórtha agus ceiliúrtha na laethanta seo. Faoi mar a scríobh an staraí Joseph Lee tamall gairid ó shin:

Anniversaries are falling upon us these days almost as thick as the autumnal leaves of Vallembrosa. . . . The question is not whether we should observe anniversaries or not. A historical sense helps distinguish humans from animals . . . The real question is whether that past is to be a real past, or a fantasy one, and how far we can collectively learn from it . . . Anniversaries can render a real service if they confront the record honestly, and strip away the myths in which almost all historical events . . . are encrusted. But they can create their own dangers if they replace existing myths, not with the truth, but with new myths . . .

Ráiteas fuinniúil, dúshlánach, a déarfadh duine, fiú más ráiteas é a dhéanann talamh slán ró-éasca, b'fhéidir, de choincheapa ar nós 'real past', 'truth', agus 'myth'—coincheapa atá casta go maith, i ndáiríre.

Ach in áit dul i bhfostú róluath i ngréasán docht na teibíochta, meabhraímis dúinn féin cuid de na cineálacha éagsúla cuimhneacháin agus comórthaí go bhfuil eolas agus taithí againn go léir orthu. Ar an leibhéal is pearsanta ar fad, tá na fógraí úd a fhoilsítear sna nuachtáin (go háirithe sna nuachtáin áitiúla) ag comóradh laethanta chothrom an bháis—le véarsaí beaga, nó abairtí an-phearsanta, agus eolas faoi aifreann comórtha nó a leithéid. Ansan, tá liosta na n-imeachtaí agus na n-ócáidí (liosta atá ag dul i bhfad agus i méid in aghaidh na bliana) a bhíonn á reáchtáil in ómós d'fhilí nó do cheoltóirí nó do phearsana spóirt nó do dhaoine eisceachtúla in aon réimse den saol: féiltí ceoil, éigsí, scoileanna samhraidh, scoileanna geimhridh, scoileanna nach bhfuil beann acu ar na séasúir. Ar ócáidí den chineál seo, bíonn saol agus saothar duine á gceiliúradh ag muintir na háite (nó ag cuid acu, pé scéal é) inar rugadh é, nó inar tógadh é, nó inar chaith sé seal dá shaol, nó inar chum sé saothar tábhachtach, nó ina bhfuair sé bás. Agus, i gcás daoine (fir nó mná) a bhí siúlach, nó a bhfuil amhras faoi shonraí a mbeatha, is féidir le pobail éagsúla in áiteanna éagsúla gnéithe den oidhreacht úd a shealbhú dóibh féin (mar a tharlaíonn, mar shampla, le Raiftearaí agus le Toirealach Ó Cearbhalláin).

Arís eile, cuimhnímis ar chomórthaí nó ócáidí cuimhneacháin ar eachtra éigin chinniúnach sa stair: cath nó cogadh, conradh, cairt cathrach, acht nó reacht parlaiminte, dáta breithe nó báis duine nótálta i gcúrsaí idirnáisiúnta nó náisiúnta, lá speisialta naoimh, an chéad uair nó an uair dheireanach ar tugadh faoi éacht éigin nó ar deineadh gaisce neamhchoitianta éigin (an chéad eitilt, an chéad lúthchleasaí a chuir míle slí de in achar faoi bhun ceithre nóiméad). Agus, ar ndóigh, d'fhéadfaí neart samplaí eile a lua.

Bíonn bealaí nó foirmeacha éagsúla ann chun eachtraí den chineál seo a chomóradh. I gcásanna áirithe, déantar leacht poiblí nó plaic a nochtadh go foirmiúil. Reáchtáiltear searmanais eaglasta. Nó, bíonn léacht speisialta phoiblí; nó sraith léachtanna nó cláracha ar raidió; nó clár speisialta teilifíse (clár faisnéise, nó fiú insint dhrámatiúil ar an eachtra nó ar an ócáid atá á comóradh). Uaireanta bíonn taispeántas de phíosa ceoil nuachumtha; scaití eile bíonn taispeántais de chineálacha eile—dráma, glóir-réim, mórshiúl nó paráid. Nó, aríst, bíonn siamsaíocht sráide (maisiúcháin faoi leith ar fhoirgnimh—mar atá go seasta i dTuaisceart Éireann, agus mar a bhíodh go tréan sa Bhreatain i gcás comórthaí a bhain leis an teaghlach ríoga). Caithfear na foilseacháin speisialta comórtha a lua, freisin: leabhair agus leabhráin, taifead grianghrafadóireachta, ceirníní, caiséid agus, sa lá atá inniu ann, dlúthdhioscaí agus CD-ROM.

Anois, maidir leis na saghsanna éagsúla seo cuimhneacháin atá díreach luaite againn, is féidir a rá fúthu gur cuimhneacháin iad, den chuid is mó, a dtugtar fúthu go deonach. Is é sin le rá, is grúpaí nó coistí deonacha a thagann le chéile lena reáchtáil agus lena gcur i gcrích. I gcásanna áirithe, ar ndóigh, maífidh an coiste nó an grúpa deonach (cibé slí inar tháinig ann dó) go bhfuilid ag gníomhú nó ag feidhmiú 'thar ceann an phobail'. Is é sin le rá, maíonn siad go bhfuilid, ar shlí éigin, ag gníomhú de réir mhianta agus thoil an phobail 'logánta' i gcoitinne. Agus, i gcásanna áirithe, níl amhras nach mbíonn údar maith maíte acu.

Ach, ar ndóigh, chomh maith leis na cuimhneacháin agus na comórthaí seo a eagraítear ag grúpaí nó ag coistí 'deonacha' (dá thábhachtaí iad), bíonn ócáidí cuimhneacháin eile ann arb é an Stát féin a bhíonn ina mbun, nó ar faoi choimirce an Stáit a reáchtáiltear iad. Go minic tugtar comóradh 'oifigiúil' nó 'comóradh Stáit' ar an saghas seo cuimhneacháin. Arís, is mó foirm éagsúil a bhíonn ag na cuimhneacháin oifigiúla Stáit seo. I gcásanna áirithe, mar shampla, eisítear stampa speisialta cuimhneacháin. Nó, b'fhéidir, go socraítear go leagfaí bláthfhleasc nó a leithéid ag suíomh nó ionad faoi leith ag ball den Rialtas, nó fiú ag an gCeann Stáit féin. Uaireanta eile bíonn searmanas faoi leith (eaglasta nó eile) a dtugtar cead do bhaill na bhFórsaí Cosanta bheith i láthair faoi éide aige—thar ceann an Stáit.

Níl tugtha agam sa liodán gairid seo d'ócáidí cuimhneacháin ach liosta de na hócáidí is comónta, le meabhrú dúinn féin cé chomh domhain is atá nós seo na gcuimhneachán neadaithe inár gcultúr; agus ní inár gcultúr sinne amháin, ach i ngach cultúr a bhfuil eolas agam air i stair an chine dhaonna. Mura mbeadh le rá againn ach an méid sin, áfach—is é sin, nach bhfuilimidne, Éireannaigh, puinn difriúil le haon dream eile maidir le nósmhaireachtaí cuimhneacháin—d'fhéadfaimis an aiste seo a thabhairt chun clabhsúir gan a thuilleadh buaileam sciath. Ach sílim go bhfuil tuilleadh le rá faoin scéal. Mar rud amháin, tuigimid go léir go dtarraingíonn cuimhneacháin agus comórthaí áirithe conspóid, scoilt agus coimheascar, rud a chuireann ina luí orainn nach ócáidí neamhurchóideacha in aon chor iad na hócáidí seo nuair a thugtar dáta, duine nó eachtra chun cuimhne *go poiblí*. Is mar gheall ar an easaontas agus ar na conspóidí seo a spreagann cuimhneacháin a theastaíonn uaim cúpla focal a rá anois. Arís, is é an rud is fearr is féidir a dhéanamh ná roinnt samplaí a lua.

Tóg, mar shampla, cás an aighnis i dTiobraid Árann a bhris amach ar dtús in earrach na bliana 1998, agus atá pléite go poiblí cúpla uair ó shin—maidir le músaem míleata a bheith á mholadh ag daoine áirithe do bhaile Thiobraid Árann (mar ionad oidhreachta nó ionad mínithe de shaghas éigin), ag teacht i dtír ar cháil an amhráin mhíleata mháirseála úd 'Tipperary'. Le cuairteoirí a mhealladh, leis an áit a chur ar an mapa do chuairteoirí a théann thairsti (nó tríthi) faoi dheifir san am i láthair, le laochas agus íobairtí agus gné de stair mhuintir na hÉireann atá curtha faoi chois nó a bhfuil neamhshuim déanta di a chomóradh arís (an tsaighdiúireacht ag fir Éireann in airm éagsúla, Arm na Breataine ach go háirithe, síos trí na glúine ina raibh Éire í féin gan Stát dá cuid féin): sin é a deir moltóirí na scéime atá i gceist acu. Dar leo siúd atá in aghaidh an bheartais seo, ní dhéanfadh a leithéid de mhúsaem, bunaithe ar an téama agus ar an amhrán áirithe sin, ach aighneas a tharraingt, drochfhuil a choipeadh arís, easaontas a chothú sa phobal, mar gur ómós don traidisiún míleata impiriúil a bheadh ann, i ndáiríre: i mbeagán focal, go dtabharfadh sé an teachtaireacht mhícheart agus an íomhá mhícheart ar mhuintir Thiobraid Árann agus ar a meon.

Nó, tóg cás an Uachtaráin Mhic Giolla Íosa nuair a d'fhógair sí go raibh ar intinn aici searmanas cuimhneacháin de shaghas éigin a reáchtáil in Árus an Uachtaráin in ómós do lá mór na nOráisteach ar an 12 Iúil 1998. Tharraing an moladh áirithe seo conspóid láithreach, thuaidh is theas, in Éirinn: agus níorbh iad na gnáthgheochairí amháin a bhí oibrithe faoin gceist. Nó, aríst eile, cuimhnigh ar chuid dár tharla agus dá ndúradh ó 1995 i leith maidir leis na hiarrachtaí agus na hócáidí éagsúla a reáchtáladh (nó a bhí á moladh) mar chomóradh ar thubaiste an Ghorta Mhóir in Éirinn céad go leith bliain ó shoin. Tógadh ceisteanna faoin gcineál comórtha a bheadh oiriúnach ar a leithéid de thragóid. Cuimhnigh, mar shampla, ar an éileamh a dhein pearsana poiblí éagsúla ag an am ar bhanríon is ar rítheaghlach na Breataine trí chéile ráiteas freagarthachta agus iarratas poiblí ar mhaithiúnas a fhoilsiú— ós rud é go raibh Éire ina hiomláine faoi choróin Victoria nuair a tharla an tubaiste. Ar ndóigh, níor bhain—agus ní bhaineann—aighneas ná éileamh den chineál áirithe seo le hÉirinn amháin ná leis an nGorta amháin. Príosúnaigh chogaidh ar thug na Seapáinigh drochíde dóibh le linn an Dara Cogadh, bhíodar san (nó cuid acu) leathchéad bliain tar éis dheireadh an chogaidh ag lorg cúitimh ar an tSeapáin agus ag éileamh go ndéanfadh impire na Seapáine an lae inniu an choir a admháil agus leithscéal a ghabháil go poiblí.

Agus, ar ndóigh, i rith na bliana comórtha seo féin, 1998, bhí conspóid agus díospóireacht bhríomhar ar siúl sna meáin faoin gcomóradh dhá chéad bliain ar Éirí Amach 1798. Cuireadh ceisteanna faoi cén saghas comórtha ba chóir a dhéanamh ar eachtra a raibh ídéalachas uasal ag baint léi ach ar tharla doirteadh fola uafásach lena linn agus dá barr. Ceistíodh na himpleachtaí polaitiúla a bhain leis an gcuimhneachán féin agus leis na gnéithe den eachtra a rabhthas ag cur béime orthu go poiblí— go háirithe i bhfianaise imeachtaí i dTuaisceart Éireann, próiséas na síochána san áireamh. Mar shampla, bhí staraithe agus údair eile ag plé go hoscailte lena chéile sna nuachtáin agus i gcláracha ar na mórmheáin an ghné sheicteach den Éirí Amach, dearcadh na coitiantachta i leith na n-ardidéal a bhí ag na ceannairí, páirtíocht na bProtastúnach san Éirí

Amach (Preispitéirigh Uladh agus Protastúnaigh an oirdheiscirt, ach go háirithe), agus an tuiscint a bhí ann ag an am ar an rud ar 'Éireannachas' agus ar an rud ar 'Poblachtánachas' é.

Anois, sara ngabhfaimid níos faide leis na samplaí seo de chuimhneacháin a tharraing conspóid nó a chothaigh trioblóid, sílim gur fearr go gcuirfinn mo chuid cártaí féin ar an mbord, agus go ndéarfainn go neamhbhalbh cad iad na príomhcheisteanna, dar liom, ar chóir a chur i gcónaí faoi chineál ar bith cuimhneacháin atá á bheartú nó á mholadh. Tá ceithre cheist a chuirfinn féin, mar atá:

i. Cé tá ag déanamh nó i bhfeighil an chuimhneacháin?
ii. Cén chúis nó cén cuspóir atá tugtha ag an lucht eagraithe le haghaidh an ruda?
iii. Cén cineál cuimhneacháin nó cén fhoirm chuimhneacháin atá beartaithe—cén saghas ócáide, taispeántais, ráitis phoiblí a bheidh ann?
iv. *Cad é go díreach atá á chomóradh?* Seo í an cheist is deacra ar fad, agus d'fhéadfadh sé go gceapfaí gur aisteach é a bheith fágtha go dtí an deireadh agam. Ach déanaim amach gurb é sin an t-ord —an t-ord is tairbhí—ba chóir a leanacht más mian linn rún na gcuimhneachán agus an chomórtha a thuiscint agus a thabhairt linn i gceart.

Le blianta beaga anuas tá cuid de na ceisteanna seo curtha go poiblí ag roinnt bheag údar, a bhfuil anailís déanta acu ar mhodhanna éagsúla 'léirithe' den stair agus den chultúr. Tá seo déanta i dtíortha éagsúla. Anseo in Éirinn, mar shampla, tá an Dr Brian Walker, Stiúrthóir Ionad an Léinn Éireannaigh in Ollscoil na Banríona i mBéal Feirste, tar éis cuntas fíorspéisiúil a scríobh ar 'stair' na gcomórthaí poiblí is cáiliúla agus is mó tábhacht sa tír seo le cúpla céad bliain anuas: lá fhéile Pádraig, an 12 Iúil ('The Twelfth'), dáta cuimhneacháin Éirí Amach 1916, agus Lá an tSosa Lámhaigh nó Domhnach Cuimhneacháin (Remembrance Sunday) mar atá air le blianta beaga anuas. Scéal spéisiúil ann féin é 'stair' an chuimhneacháin i ngach cás ar leith díobh seo. Ach is é an rud a thagann amach go soiléir ón staidéar atá déanta ag Walker ar chuid de na cuimhneacháin is cáiliúla agus is iomráití dá bhfuil sa bhféilire againn, ná cé chomh déanach is a tháinig ann do chuid de na heilimintí cuimhneacháin a dtugtar 'eilimintí traidisiúnta' orthu inniu. Nó, cé chomh mór is chomh minic is a d'athraigh foirm is crot na gcuimhneachán seo ó ghlúin go glúin. Is léir, freisin, gur 'chiallaigh' na hócáidí seo rudaí difriúla do ghrúpaí nó d'aicmí difriúla den phobal, agus, go deimhin, gur athraigh 'brí' na n-ócáidí do na grúpaí difriúla le himeacht aimsire.

Ní rud leithleach, Éireannach, é seo, ar ndóigh. Ceann de na leabhair is conspóidí agus is bríomhaire dár foilsíodh le blianta fada ar cheist seo 'shealbhú na staire', ná *The Invention of Tradition*, curtha in eagar ag Terence Ranger agus Eric Hobsbawm agus a foilsíodh sa bhliain 1983. Cnuasach aistí atá ann a scrúdaíonn conas, cén uair, agus cén fáth ar *cruthaíodh* traidisiúin áirithe le cúpla céad bliain anuas. Scéal iontach ar fad é mar a cruthaíodh le dhá chéad bliain anuas ócáidí agus gnásanna poiblí in aon turas le cuspóirí cinnte daoine nó aicmí áirithe a bhaint amach. Ar na cásanna atá pléite i leabhar Ranger agus Hobsbawn tá na gnásanna a cumadh agus a forbraíodh le mistíc na cumhachta agus an údaráis a bhain le rítheaghlach Shasana a neartú, nó arís, le miotais a chruthú faoi 'stair' na dtreabh in Albain.

Fillimid, más ea, arís is arís eile, ar an mbuncheist, cad é go díreach a spreagann grúpaí éagsúla daoine (rialtais ina measc, ar ndóigh), chun tabhairt faoi ócáidí, dhátaí, eachtraí áirithe sa stair a chomóradh? Cad iad na mianta nó na riachtanais ar a mbíonn siad ag freastal (nó a gcreideann siad go mbíonn siad ag freastal orthu)? Ar ndóigh, is féidir a rá ar an toirt gur ag freastal ar mhianta agus ar riachtanais na mbeo atáid, óir ní bhíonn mianta ná riachtanais ag na mairbh, murab é go gcuirfí paidir lena n-anam. Ach cad iad mianta nó riachtanais seo na mbeo, ar lena sásamh a tugtar faoi chuimhneacháin agus faoi chomórthaí?

Tá údar amháin a scríobh faoin ábhar seo le déanaí buartha faoin gceist seo. 'What exactly is going on in this frenetic desire to commemorate', an cheist a chuireann sí: 'Is it therapy culture gone mad or the fulfilment of a basic human need'? Ar ndóigh, ní gá gur ceann amháin nó ceann eile den dá rogha seo a bheadh i gceist. I bhfianaise ár dtuisceana ar

chúrsaí síceolaíochta (faoi shoilsiú shaothair na máistrí nua-aoiseacha
san ealaín sin), tá ráite ag tráchtairí éagsúla (filí, úrscéalaithe, tráchtairí
cultúrtha agus eile) gur slí iad an comóradh nó an cuimhneachán ag
daoine a d'fhulaing uafás pearsanta san aimsir atá caite—daoine a fuair
sceimhle de shaghas éigin—agus go háirithe daoine go raibh an t-uafás
chomh pianmhar san gur deineadh iarracht é a cheilt nó a shéanadh nó
é a bhrú faoi chlúdach éigin intinne, i dtreo is nach mbogfadh sé chun
cuimhne ná nach músclódh sé arís an phian agus an fhulaingt a bhain
le huair na cinniúna an chéad lá—gur slí é an cuimhneachán poiblí ag
daoine a bhfuil uafás den saghas sin ina stair acu le teacht chun réitigh
ar shlí dhiamhair éigin leis an stair. Gur cineál ola ar chroí an chine nó
na treibhe an comóradh nó an cuimhneachán, ola a chabhraíonn le
próiséas folláin cneasaithe ag leibhéal éigin domhain.

Ba í seo, ar ndóigh, an rud a dúirt go leor tráchtairí faoin gcomóradh
a dheineamar ar an nGorta: go raibh sé riachtanach dúinn a bheith in
ann, faoi dheireadh thiar, eachtra ar ghabh uafás agus náire agus
barbaracht as eádan léi a thabhairt chun cuimhne agus 'a láimhseáil'.
Agus, ar ndóigh, luaitear an buntáiste céanna nó an fheidhm chéanna
le cuimhneacháin áirithe a bhíonn ag na Giúdaigh agus iad ag
iarraidh teacht chun réitigh leis an Uileloscadh, nó ag náisiúin
dhúchasacha Mheiriceá agus iad ag déileáil le heachtraí dólásacha ina
stair siadsan.

Ach cibé rud faoin 'bhfeidhm' áirithe seo a bheith ag cuimhneacháin,
ní chuige seo is mó a bhíonn formhór na gcuimhneachán a eagraítear.
Ní le riachtanas teiripeach éigin a shásamh (don duine aonair ná do
chomhluadar daoine) is mó a eagraítear comórthaí agus cuimhneachán
de ghnáth. Cad chuige in aon chor iad, más ea? Cad iad na
gnáthriachtanais a shásaítear le cuimhneacháin? Dar le húdar amháin:
'To remember and be remembered is a fundamental human need.
Ancient man scratched on cave walls; prisoners in the Warsaw ghetto
scribbled on bits of paper—all of this was a bid for immortality, a need
to leave their mark in the sand. Commemoration is another expression
of that need . . . one of the rites of memory'. Seo, go deimhin, 'one of
the rites of memory', ach ní foláir idirdhealú an-ghlan a dhéanamh idir
blúirí scríofa ar 'cave walls' nó na nótaí a scríobh daoine agus iad ag

feitheamh leis an mbás, agus cuimhneacháin mar a thuigimidne brí an fhocail sin. Agus caithfear idirdhealú a dhéanamh idir splanc nó beart cuimhne an duine aonair—a thugann nóiméad éigin nó eispéireas éigin ar ghabh sé tríd chun cuimhne (go minic gan a bhuíochas)—agus an *cuimhneachán poiblí* seo ar eachtraí nó ar ócáidí áirithe sa stair a bhfuilimid ag trácht air san aiste seo.

Maidir leis an gcomóradh nó an cuimhneachán poiblí, is féidir linn an méid seo a rá faoi. Comóradh nó cuimhneachán poiblí ar bith—cuma cé chomh beag is atá sé ná chomh logánta; cuma cé chomh neafaiseach an t-ábhar, ná chomh neamhphléite nó leathphléite an coincheap; cuma chomh leathbhruite an phleanaíl agus na hullmhúcháin, ná chomh hamaitéarach agus sleamchúiseach an léiriú agus an cur i láthair—fós féin is beartas nó tionscnamh comhfhiosach cultúrtha é comóradh nó cuimhneachán poiblí ar bith. I gcónaí bíonn i gceist ina leithéid de chinneadh agus de chur i gcrích, roghnú, rangú (bunaithe ar réamhmhachnamh), dearbhú agus áiteamh, láithriú agus cóiriú. Sin tionscnamh cultúrtha comhfhiosach. Bíonn an rud ar fad—idir choincheap agus chur i láthair—cumtha agus curtha in oiriúint do chuspóirí ar leith, chun freastal ar riachtanais, ar mhianta agus ar éilimh pobail faoi leith (bíodh is go mbíonn idir chuspoirí agus mhianta pobail ar bith casta go maith go minic).

Is toisc díreach gur mar seo atá—gur tionscnaimh chultúrtha chomhfhiosacha iad cuimhneacháin—go mbíonn easaontas agus conspóid agus achrann ina dtaobh ó thráth go chéile. Ní gá dúinn dul i bhfad ó bhaile chun neart samplaí a aimsiú ar a bhfuil i gceist againn anseo: tá cuimhneacháin ina ghort achrainn agus coimheascair i dTuaisceart Éireann le fada an lá. Sin é an fáth gur beartaíodh ar Choimisiún na bParáidí a bhunú ó thuaidh—chun na buncheisteanna úd atá luaite againn cheana a chur ar na páirtithe ó thuaidh (agus, más féidir, freagraí d'fháil orthu): Cad is cuspóir don chomóradh? Cé tá ina bhun? Cad iad na riachtanais atá á sásamh? Crot agus foirm an chomórtha, conas ar cinneadh iad, cad is cúis nó is cuspóir dóibh? Na bealaí áirithe atá roghnaithe le paráidí; na siombail agus na comharthaí agus na praipeannaí amharclannaíochta atá roghnaithe agus atá le taispeáint; na foinn atá le casadh; na hionaid éagsúla ar chonair na paráide ina mbeidh ciútaí breise sa dráma: is cuid dhílis na heilimintí seo go léir den tionscnamh cultúrtha úd ar cuimhneachán é.

Agus, ar ndóigh, bíonn aighneas ann toisc go gceistítear 'fíorchuspóirí' an tionscnaimh, toisc go gceistítear na riachtanais áirithe atá á sásamh, toisc go gceistítear oiriúnacht fhoirmeacha na hócáide nó an léirithe chultúrtha. Tarlaíonn aighneas faoi na ceisteanna seo ar an dá thaobh i bpobal atá scoilte mar atá i dTuaisceart Éireann; pobal a bhfuil tuiscintí difriúla ar fad ag an dá thaobh ar mhacalla na staire agus ar a bhfágann sí mar ábhar cuimhneacháin acu. An port ar ardú meanman agus spride é i gcluasa dreama amháin, is é a chloiseann an dream eile ann ná an nóta bagarthach.

Saghas eile aighnis, ar ndóigh, ná an t-aighneas a tharlaíonn nuair a bhíonn grúpaí éagsúla in iomaíocht lena chéile ag iarraidh an ócáid nó an 'láthair' chultúrtha chéanna a chomóradh, nó, le bheith níos cruinne faoina dtarlaíonn, í a shealbhú. Coimhlint í seo, d'fhéadfaí a rá, le haghaidh úinéireachta ar acmhainn chultúrtha—an ócáid—a bhraitear a bheith luachmhar. Sampla maith den chineál seo ruda is ea uaigh Wolfe Tone ag Bodenstown, mar a mbíonn cuimhneacháin bhliantúla ag grúpaí éagsúla Poblachtánaigh, ní hamháin mar chomhartha ómóis don té atá curtha san uaigh, ach, níos tábhachtaí, b'fhéidir, chun fógra poiblí a dhéanamh faoina gcreideamh (agus a gcreidiúnas) mar Phoblachtánaigh; chun gur féidir leo a mhaíomh go bhfuilid feistithe amach i gclóca idé-eolaíoch an fhíorphoblachtánachais. (Tá a bheag nó a mhór den tábhacht chéanna ag baint leis na searmanais a reáchtáiltear i mBéal na mBláth, ag Cill Crumpair, nó, le blianta beaga anuas i gcás na nOráisteach, i nDroim Cria.)

I ngach saghas cuimhneacháin bíonn tábhacht thar na bearta le siombail, dá shuaraí iad. Tóg, mar shampla, bláthanna. Cuimhnigh ar thábhacht lile na Cásca mar shiombal—agus an chonspóid a bhaineann lena chaitheamh ó thosaigh an babhta is déanaí den choimhlint ó thuaidh tríocha bliain ó shin. Agus, ar ndóigh, cá bhfágfá an poipín dearg, agus an t-aighneas a bhíonn ann chuile mhí na Samhna faoi cad go díreach atá á chomóradh ag na daoine ar mian leo an bláth beag dearg úd a chaitheamh ina gcótaí. I bhfianaise na gconspóidí seo ar fad, is fuirist a thuiscint cén fáth gur bheartaigh Rialtas na hÉireann tamall de bhlianta ó shin ar lá cuimhneacháin amháin (i nGairdín an Chuimhneacháin) a reáchtáil gach bliain in ómós na nÉireannach ar fad a thit i gcogaí, agus gur beartaíodh ar é a bheith ann ar lá nó ar dháta nach raibh 'úinéireacht' air ag aon dream eile, agus gur ócáid éacúiméineach a bheadh ann ó thús deireadh. Ach, ar ndóigh, is tionscnamh comhfhiosach cultúrtha go smior é an cuimhneachán 'neodrach' seo féin gach bliain.

Athraíonn an bhrí a bhaineann le hócáidí cuimhneacháin de réir mar a athraíonn an saol. Is amhlaidh don scéal i ngach tír. Mar shampla, ní raibh 'lá an Bastille' ina lá 'náisiúnta' gan chonspóid ag pobal uile na Fraince go dtí le fíordhéanaí: lean conspóid faoin oidhreacht 'réabhlóideach' ar feadh i bhfad. Arís, níos gaire do bhaile, tá fhios againn nár thosnaigh cuimhneachán mór na bProtastúnach ó thuaidh ar Chath na Bóinne go dtí céad bliain i ndiaidh na heachtra, is é sin, le bunú agus fás an Oráisteachais nua ins na 1790í. Agus, is í an cheist spéisiúil, ar ndóigh, ná, cérbh iad na cúinsí nua, na cúinsí faoi leith sna 1790í nuair a cuireadh tús leis an gcuimhneachán seo ar an mórscála? Nó, an féidir linn cúinsí nó comhthéacs a shamhlú amach anseo nuair a bheidh brí agus ciall agus feidhm phoiblí eile ar fad ag an gcuimhneachán seo seachas mar atá aige san am i láthair?

Maidir le 1798 féin, agus an comóradh dhá chéad atá ar bun i mbliana (agus an chonspóid áirithe atá éirithe ina leith), tá sé fíorspéisiúil comparáid a dhéanamh idir comóradh an chéid sa bhliain 1898 agus an comóradh i mbliana. Déanta na fírinne, is deas mar a léiríonn an chomparáid áirithe seo an difríocht (agus an t-athrú meoin atá tarlaithe) idir an ghlúin náisiúnach a bhí suas in 1898, agus an Éire inar mhaireadar, agus glúin na haimsire seo, agus an saol ina mairimid. An scagadh agus an plé go léir atá déanta i mbliana ag staraithe agus eile ar phréamha agus ar thoradh an Éirí Amach, tá sé bunaithe cuid mhaith, ar ndóigh, ar thaighde nua atá tagtha chun solais. Ach tá sé bunaithe freisin ar pheirspictíochtaí nua ar an eachtra, peirspictíochtaí atá múnlaithe, cuid éigin, ag na ceisteanna beo lena bhfuilimid gafa sa lá atá inniu ann. Sa tslí sin, is féidir a rá, má tá na húdair ag iarraidh tionchar 1798 ar stair na hÉireann ina dhiaidh sin a rianú, ní féidir, ar an láimh eile, nach mbeidh ceisteanna na linne seo ag caitheamh scáile éigin ar an gcaoi ina mbímid uilig, saineolaithe agus eile, ag caitheamh súile siar agus ag iarraidh brí a bhaint as na heachtraí úd dhá chéad bliain ó shin.

An tagairt úd do chomóradh an chéid agus do chomóradh an dá chéad, agus na difríochtaí idir an dá ócáid, meabhraíonn sé dúinn go bhfuil ábhar machnaimh againn chomh maith i minicíocht (rialtacht nó easpa rialtachta) na gcuimhneachán poiblí. Mar shampla, céad bliain i ndiaidh an Ghorta Mhóir (is é sin, sa bhliain 1945), is beag ar fad ar fad an comóradh poiblí a deineadh in Éirinn ar thús na tubaiste móire (lá cothrom báis Thomas Davis is mó a bhí faoi thrácht an bhliain sin). Ach scéal eile ar fad a bhí ann sa bhliain 1995: agus sin in ainneoin go gcreidtear go coiteann gur suntasaí de dháta comórtha é céad bliain ná céad go leith. Arís, ní gá a mheabhrú d'éinne an mórchomóradh a deineadh sa bhliain 1966 ar ócáid chuimhneacháin leathchéad bliain Éirí Amach na Cásca. Ach sa bhliain 1991, seachtó cúig bliain i ndiaidh an Éirí Amach, bhí leisce nó imní ar go leor daoine (an Rialtas féin san áireamh) comóradh de shórt ar bith a reáchtáil, ar eagla an tionchair a d'fhéadfadh a bheith ag a leithéid ar chúrsaí i dTuaisceart Éireann.

Rud nádúrtha, dar liom, is ea an t-athrú meoin seo a thagann ar dhaoine i leith eachtraí agus dátaí sa stair, athrú meoin atá bunaithe ar an athrú peirspictíochta a thagann le himeacht aimsire nó de réir mar a thagann athrú ar an gcomhthéacs agus ar na cúinsí saoil ina maireann daoine. Is fíor é seo i gcás gach aon saghas cuimhneacháin, na cinn is lú conspóide agus urchóide ina measc. Is fíor é chomh maith i gcás an chuimhneacháin dhá chéad bliain atá ar bun i mbliana, 1998, ar Éirí Amach mór 1798 in Éirinn.

Leabharliosta

Connerton, P., *How Societies Remember* (New York, 1990).

Hobsbawn, E., & Ranger, T. (eag.), *The Invention of Tradition* (Cambridge, 1983).

Lowenthal, D., *The Past is a Foreign Country* (Cambridge, 1985).

Ní Dhonnchadha, M. (eag.), *Nua-léamha: gnéithe de chultúr, stair agus polaitíocht na hÉireann c.1600-c.1900* (B.Á.C., 1996).

—, & Dorgan, T. (eag.), *Revising the Rising* (Doire, 1991).

Walker, B., *Dancing to History's Tune* (Béal Feirste, 1996).

OIDHREACHT CHEOIL AGUS AMHRÁNAÍOCHTA 1798

1. **Killala: The Main Theme**, The Chieftains and the RTÉ Concert Orchestra, *The Year of the French (Claddagh CC36CD)*

2. **Cearta an Duine**, Aisling Ní Neachtain, Luisne Ní Neachtain, Róisín Nic Dhonncha (*Raidió na Gaeltachta, Traid: Cóirithe ag Aisling, Luisne agus Róisín*)

3. **Maidin Luan Cincíse**, Bríd Ní Ghaora (*Cartlann RTÉ, Mícheál Óg Ó Longáin a chum*)

4. **Maidin Luan Cincíse**, Aisling Ní Neachtain, Luisne Ní Neachtain, Róisín Nic Dhonncha (*Raidió na Gaeltacha, Traid: Cóirithe ag Aisling, Luisne agus Róisín*)

5. **Sliabh na mBan**, Áine Uí Cheallaigh, *The Croppy's Complaint:Music and Songs of 1798*, (*Craft Recording CRCD 03*)

6. **Muintir an Iarthair**, Cuimín Breathnach (*Raidió na Gaeltachta: Liam Ó Maolrúnaidh a chum; Conchúr Mac Uidhir a d'aistrigh*)

7. **An Caiptín Máilleach**, Joe Byrne, *Songs of Past and People: Singers from East Mayo (Joe Byrne)*

8. **Aithrí an Ghiobúnaigh**, Peadar Ó Ceannabháin (*Traid: Raidió na Gaeltachta*)

9. **Omeath Music**, Lá Lugh, *Brighid's Kiss (Lughanasa Music LUGCD 961)*

10. **An tSeanbhean Bhocht**, Aisling Ní Neachtain, Luisne Ní Neachtain, Róisín Nic Dhonncha (*Raidió na Gaeltachta, Traid: Cóirithe ag Aisling, Luisne agus Róisín*)